踩上抖音之路

郭长棋 著

SPM 南方出版传媒 广东人民出版社

· 广州 ·

图书在版编目（CIP）数据

踩上抖音之路 / 郭长棋著. —广州：广东人民出版社，2021.8
ISBN 978-7-218-15169-4

Ⅰ. ①踩…　Ⅱ. ①郭…　Ⅲ. ①服装企业—工业企业管理—经验—中山　Ⅳ. ①F426.86

中国版本图书馆CIP数据核字（2021）第153921号

CAISHANG DOUYIN ZHI LU

踩 上 抖 音 之 路

郭长棋 著

出 版 人：肖风华

出版策划：钟　菱
责任编辑：陈泽航　古海阳　梁　茵　谢应祥
封面设计：刘红刚
责任技编：吴彦斌　周星奎

出版发行　广东人民出版社
地　　址：广州市海珠区新港西路204号2号楼（邮政编码：510300）
电　　话：（020）85716809（总编室）
传　　真：（020）85716872
网　　址：http://www.gdpph.com
印　　刷：佛山家联印刷有限公司
开　　本：889毫米×1194毫米　1/32
印　　张：8　　　字数：150千
版　　次：2021年8月第1版
印　　次：2021年8月第1次印刷
印　　数：000001-200000册
定　　价：50.00元

如发现印装质量问题影响阅读，请与出版社（020-83716848）联系调换。
售书热线：（020）85716826

序言：先求成长，再求成功

　　学习，从要我学到我要学，从即日学到终身学，从零碎地学到系统地学，从个体学到团队学，从为"充电"而学到学习生活化，从赶时髦学到以学习为生命的乐趣。

　　学习，一个如此简单而平凡的词汇，在今天已经被赋予更深刻的内涵、更重大的意义，不论是对个人还是企业，乃至社会。

　　这是一个催人奋进的时代，竞争成为生存的必然，要在芸芸众生中脱颖而出并永远立于不败之地，就需要不断成长，而学习是成长的唯一阶梯，舍此别无他途。

　　一个国家，一个社会，它需要不停地借鉴古往今来的经验教训，不断地完善各项机制，在稳定中发展，在发展中寻求稳定，以营造一个和谐的社会。

一个企业更需要学习，通过学习谋求创新：产品创新，技术创新，管理创新。只有勤于学习的企业才可能是创新性企业，只有勤于学习的企业方能不断地赋予自己新的生命力，才能在激烈的市场竞争中赢得胜利。

活到老，学到老。对于个人来说，这不仅是自身完善的需要，而且是谋生存、求发展的需要。学习业务技能，学习管理技能，学习如何更好地与人合作，学习层出不穷的新事物，稍有懈怠，就会落后，就会被淘汰。只有不停地学习，才能与时代同步，才能保持生命的活力。

学习的意义是毋庸置疑的，但许多人可能没有意识到，学习如何学习，从而建立更好的学习模式，同样十分重要。

霞湖世家是一个成长迅速的企业，十几年间，从三十多人的公司，发展到现在一千多人，并在同行业中树立了自己的专业地位，在市场上闯出了自己的天地，这其中，学习发挥了重要作用。学技术，学管理，学营销。在学习中创新，在竞争中学习竞争，这才有霞湖的今天。霞湖世家也正是在学习、创新与发展中，逐步建立和完善符合企业自身特点的学习模式。

霞湖世家的学习是无处不在的，从制度化的员工培训到专业人才的培养，从全体员工参加的升旗仪式、早会制度，到企业内刊、厂内广播、板报和遍布厂区的企业精神标语，从微笑文化导师制度的建立到企业精神与理念的点滴渗透。"请进来"是一种学习方式：请来专家开班授课，传道解惑。"走出去"也是一种学习方式：组织骨干员工外出参观学习，拉一支队伍参加团队培训……霞湖世家在学习上可谓不遗余力，不惜巨资。正是在这坚持不懈的学习中，企业在成长，霞湖世家的员工在成长。

我们一步一个脚印地走来，这本书就是霞湖世家员工们学习与成长的见证，它记载着我们的学习、做人与做事，我们愿将它与大家分享。

孔子说，"学而时习之，不亦说乎"，将员工的学习体会和点滴感受汇集起来，是对学习成果的一次检阅，也希望能够产生温故而知新的作用，而这本身也是学习的一个重要方法。

学习吧，学习是成长的阶梯，舍此别无他途。

只有成长，没有成功；与时俱进，终身学习！

郭长棋

2021年6月18日

CONTENTS

目录

第一章
做努力奔跑的
抖音人

万变不离其"真"

　　一切皆有望，万物皆可期。对于一个年过半百的"准退休"老板来说，能在短短半年多时间里，带领全公司踩上抖音之路，创造营销之巅，我既深感荣幸，同时也心怀感恩。如果没有遇上抖音，我此刻可能正在家里带着孙子、颐养天年，这自然是逍遥惬意的生活。但也许是"造化弄人"，我在家刷着抖音的时候，竟刷出了一些新的想法，于是霞湖世家踩上了基于抖音平台的线上营销之路。这一年多的努力，日子算不上舒服，但惊喜不断、收获颇丰，我仿佛重拾了年轻时创业的状态，感觉自己活出了两辈子。

　　"我是一个白手起家的农村人，我叫郭长棋，今年52岁了。拥有几家公司，但我一直在学习的路上……"还记得这是2020年5月29日，我发布的第一条抖音作品，短短一分钟的自我介绍，点赞量虽不高，但纪念意义重大。随后，我每天坚持发布抖音，从一开始聊家庭、聊生意、聊职场，到后来模仿火爆短视频、"炫富开宾利"，我们做了很多尝试，也做得卖力，但却收效甚微。为什么呢？

后来，通过从其他热门直播中"拜师学艺"，我无意中看到了戈雅灯饰总经理张宏伟的火爆抖音，这给了我很多启发：原来拍抖音不能按"套路"出牌，不要太"刻意"，而要很"无意"，就是要做真实的自己，让别人知道我是谁。

此后，我拍了一段到工厂食堂看员工打饭的视频，让大家知道：我就是一个工厂的老板，拿着一个餐盒，排队打五块钱的午餐，然后跟员工一起吃饭。视频拍得很无意却很真实，让网友认识了一名跟员工打成一片的"可爱老板"。没想到，就是这个简单的视频，播放量竟然超过了4000万，一天涨了20万"粉丝"！要知道在那之前的几个月，一共才攒了2万多"粉丝"。由此可见，"让别人知道我是谁"是多么重要。

有了爆款，这也让我信心大增。通过学习高手的经验，我们不仅涨了很多"粉丝"，而且学会了不少抖音技巧，但这只是第一步。"照搬照抄"总不是长久之计，当霞湖世家拥有百万"粉丝"的时候，我们开始摸索属于自己的直播间特色，而我的直播方式就是"为自己代言"：我以制造业老板的人设，讲自己白手起家的故事，讲二三十年来的创业经历，讲我2004年的第一桶金是怎么赚来的……这些真诚、实在的内容，果然是"一石激起千层浪"，引来了大批网友的关注和点赞。有一次讲故事，我们直播间的人数达到了3万人。

自开抖音至今，我们已获得了250万"粉丝"的关注。2020年10月，我们开始尝试抖音直播带货，如今累积GMV（成交金额）超过1亿元，单场最多观看人数达460多万。

成功的路有千万条，"以真示人，收获忠诚"便是其中一条。做抖音的路亦是如此，从刚开始的刻意摆拍到后来的真我展现，从刚开始的照搬经验到后来的自成一格，当真心倾付成为我们的优势，铁杆"粉丝"终会纷至沓来。

努力是一种态度，与年龄无关

"两耳不闻窗外事，一心只顾做抖音。"可以说，这就是我大半年来做抖音的状态。为什么这么拼呢？坦率说，我曾经对电脑一窍不通，做抖音是真正的一切从零开始。因此，在如今互联网大爆炸的时代，如果不全力以赴的话，我很难有优势——一个鬓发初白的大叔，如何跟年轻貌美的网红主播去比？无疑，我的"先天条件"就输了。

但是，我很清楚自己的优势——作为一个勤劳的男人，我有阅历、有经历，也很努力，更敢想敢拼。从2020年10月开播到现在，我每天坚持清晨7点开播，直到晚上12点结束，每天的直播时长达17个小时。有时候直播累了，就去旁边的沙发小眯一会，甚至连做梦也在想直播的事。自从爱上了抖音和直播，朋友的接待、聚会活动也都尽量回避了。我当时只有一个想法，把所有的精力跟时间都放在抖音上，全心全意地去做好这件事。

不是所有的努力都会有结果，但总有一些坚持能够让人"柳暗花明"。因为努力勤奋的付出，我们的抖音带货业绩跑出了加速度：2020年10月，霞湖世家开始直播卖货，第一个月业绩并不高，成交额仅有9万多元。记得当时我亲自上阵直播，还被老婆调侃"一个老板站在那里，卖了半天卖了23件衣服"。不过第二个月就开始"开挂"了，我们的直播间一个月成交了300多万，平均每天成交额10万元以上。开播第56天，单场带货成交额首次突破100万元。第三个月的成交额，更是飙升到了1500万元。随后，每个月销售额均破千万。回首这一段历程，从销售9万元到上千万元，我们仅仅用了两个月时间。

专注者成，勤劳者富。有时候，你可能会觉得成功离你很远，其实不然，只要你迈出勇敢而坚定的每一步，离成功就会更近一点，正如《西游记》里耳熟能详的歌词所唱，"敢问路在何方，路在脚下"。而我确实拿出了当年创业的劲头在做直播，于是乎"有志者事竟成"，让广大网友认识了一名每天长时间直播、全网"最勤劳"的老板。不可否认，坚持加专注，才让我有了今天的成绩。

从商者唯有"担当"不可负

直播带货的第六个月，也就是2021年3月，我们迎来了销售旺季，即到了卖短袖的时候，这也是我们的强项。其间，我们每天成交量达到3万单，1个月整整卖了90万件衣服。我们也给自己定了个目标，每天成交量不到1.5万单不下班。

当然，努力不是盲目的，还要抬头看看路，回头看看后台数据。在销量连创新高的时候，作为企业管理者，有三项数据是我非常看重、严格把控的，即："粉丝"量、口碑分、退货率。"粉丝"自然是带货的基础，有"粉丝"才有客户转换，所以"涨粉"是特别令我兴奋的事情，因此我也不错过任何机会，在各种分享会上"求关注"，为我们的直播间"吸粉"。但是如何做到更有效地"吸粉"呢？

做抖音要"以客户为本"，这是我们始终坚守的服务理念，对客户要有责任担当。比如说，工厂发错码或者质量有问题的，我们干脆不退换了，就直接补发，送给客户一件新的。尽管这样一来，我们曾经一个月送出去了2500

多件衣服，但我认为这才是"正道"。

近段时间，我们遇上了一次小风波：直播间带货的新款T恤一上线就卖了1600件，但因为上错了链接，有印花款的衣服发成了无印花款。得知这件事以后，我立即告诉客服不用联系客人退货了。我们立马赶工，追发1600件新衣服寄给客人。错发的衣服和补寄的衣服，前后间隔不到两天，处理这类问题，我从不拖沓。凡是我们的问题都直接补发，这是霞湖世家对客户的承诺。

当然，我们肯定是要背上损失的，但是转念一想：与其让1600个客户生气，不如我一个人伤心；能让1600个客户开心起来，我一个人三天睡不着觉也值得！所以，一波操作下来皆大欢喜，客户很开心，就连我们的道歉直播也火了起来，收获了数万个"赞"。"有担当的企业，背后是一个有担当的引路人。""粉丝"的留言，是对我的莫大鼓励。

担当者贵。诚然，担当的背后，是一份沉甸甸的责任感、一颗诚信待人之心！担当与诚信让我们赢得了客户的信任，而这份担当可谓是"一箭三雕"，让我们的三项指标始终保持着可观的数字："粉丝"量250万，口碑4.92分，退货率不高于6%。

直播要火，"粉丝"为大

2021年3月，我以2530分的热度值荣登抖音平台的带货达人榜冠军，成为了名噪一时的"带货王"；4月29日，霞湖世家直播间又迎来了高光时刻，关注的"粉丝"量突破了250万大关。

"双喜临门"之际，我想到的是"苟富贵，勿相忘"。首先不能忘记的，是最早关注我的那一批"粉丝"，他们很多都成为我的忠实客户，也正是因为有了他们，霞湖世家的直播间才能做大、做强。

还记得刚开抖音号的时候，很多网友喜欢听我讲故事，但卖货的时候人就没那么多了。所以刚开始卖衣服的前3万单，我都送书给网友，有时候一个人送十几本，这些书就是我早期出版的《启迪智慧》《路是踩出来的》，我们前前后后送了3万多本书。

随书附送的，还有我对网友的一份承诺：将来书看完了，由我这边来"回收"，运费我们付，有几本书寄回来，就有几件衣服寄给他们。我要做的，是感谢第一批支持我、助我把抖音做起来的朋友。

在"粉丝"经济时代里，一定是先有"粉丝"，后有"经济"，脱离了"粉丝"，"经济"就变成一纸空谈。而在抖音这样的自媒体运营中，运营好"粉丝"、增加"粉丝"黏度，是做好一切运营工作的前提。

"粉丝"对我来说，自始至终都是"最可贵的存在"。我与"粉丝"的互动，也从不局限于卖T恤。最近，我收到了一封特殊的"粉丝"来信，让我收获了满满的感动。我的这位"粉丝"在面临失业、母亲病重、创业受挫的重重打击下，一度情绪抑郁，无意中刷到了我的抖音，从饭堂打饭的视频开始一直追随到现在。我在抖音分享的人生经历、健康管理、家庭管理，这些都变成了"粉丝"的智慧启迪，让她逐渐走出阴霾。我每天早上7点开播，她每天早起看我的直播。她说："因为你的视频，让我重新有了生活的力量和勇气，还让我重新思考了产品发展的方向。我相信一切都在向好的方向发展！感谢郭董给予我精神上的帮助，有时候真的是'听君一席话，胜读十年书'。"

简单的一句感谢，就足以让人热泪盈眶，同时也更加坚定了我做抖音的信心，这条路要一直"踩"下去，因为我的"粉丝"需要我。最好的朋友，莫过于交心；最大的幸福，莫过于成为他人心中的精神力量。

立德尽孝，主播的自我修养

"教"者也，孝字在先，文在其后。顾名思义，所有的教育、教养皆从"孝"开始。百善孝为先，孝是中华民族的传统美德。当然，美德不能只是挂在嘴边，作为一个孝子，我每日都身体力行地践行着"孝文化"。

在我的直播间，除了有横七竖八的直播设备、忙前忙后的直播团队，还有一处安静的角落、一张按摩椅，那里是留给我85岁高龄的老父亲——我离不开直播间，也离不开我父亲，所以干脆把按摩椅也搬到了直播间，在工作间隙就给他按摩腿脚。我的父亲常年在海边工作，因双脚长时间泡在海水里，落下了病根，如果不及时按摩泡脚，就会肿起来。为此我还专门研究了《黄帝内经》，钻研内调外敷，学习按摩手法，现在的我除了是"抖音达人"，还是"半个医生"。

有人会问："你现在有钱了，为什么不请人帮忙？"我不想这样做，正如我不认同把老人家直接丢给医院、养老院的做法。也许是因为别人照顾的"气场"不一样，也许是自己亲自上阵才放心，也许只是单纯地想制造多一点与父亲的回忆……我已经没有母亲了，每年的母亲节也只能陪着父亲过，对于母亲我只有深不见底的思念。所以，我也诚心希望各位朋友都能珍惜眼前人，莫留"子欲养而亲不待"之憾：父母在，人生尚有来处；父母去，人生只剩归途；父母安康，便是晴天。

在父亲面前，我永远是孩子，每天最惬意的一件事，不外乎陪老人家去公园逛逛、聊聊天。父亲每天都盼着天快点亮，因为我们有个晨起散步的"约会"，漫步在林间小道上，听他讲讲他们那个年代的故事。父亲讲得意兴盎然，我也听得津津有味，于是我变成了"百事通"，老家村里上下五六十年的事情都知道。父亲说："对比这些年发生的人和事，上一代为人好的，下一代也做得好，好人自有好报。"家有一老，如有一宝，此言不假，每个人的成长都离不开老一辈经历的传承。

在我的小视频中，也记录了不少与父亲的日常互动：我为父亲洗脚按摩，镜头里老父亲露出会心一笑，伸出一只大拇指，看着他红光满面，心里特别舒坦。还有我跟父亲早晨散步的日常，陪他去江边晨练的日常……有的小视频甚至获得了近18万次点赞，留下了9000多条网友评论，很欣慰也很感动能引来众多网友的共鸣。

作为一名直播间的主播，我也算是个"公众人物"，透过镜头，我希望能做的不仅是带货，更多的是爱与正能量的传递。正如演员要有演员的自我修养，主播也要有主播的自我修养。如何提高自我修养呢？修身要立德，而立德以孝为本，如何尽孝呢？父母年迈，身体为重，落到实处去，要为父母养生，察父母之病痛，故而"知医者孝"。

1与0的 "有无哲学"

回首大半年来我的抖音带货之路，收获不浅、感触良多，总结的话说起来自然是一言难尽，但长话短说，我认为有些精髓部分值得跟大家共勉：

知医者孝，专注者成，勤劳者富，担当者贵。

以 "粉丝" 为大，以工人为资，以品质为本。

买好赚名，好卖赚利，好吃养嘴，吃好养身。

一切都是零，保护自己，平安健康才是一。

……

工作是无限的，要把有限的精力与财力投入到一样工作上，发挥出最大爆发力，是为 "专注"；起早贪黑做直播是体力的勤劳，深入思考抖音学问是脑力的勤劳，体力和脑力勤劳的结合，是为 "勤劳"；以客户为中心，急客户之所急、想客户之所想、解客户之所忧，是为 "担当"。有了专注、勤劳和担当，方能收获事业上的成就与财富。

　　在直播运营中，想要变身带货达人，必先"以粉丝为大"；想要积累优势资本，须记"以工人为资"；想要树立客户口碑，只有"以品质为本"。让客户买好货，我们赚了名声，一举两得；让我们的产品好卖，我们从中赚利润，同样是一举两得。是为"买好赚名，好卖赚利"。

　　凌驾于一切之上的，当属"知医者孝"。我们只有保护好自己，时刻关注自己及身边人的平安与健康，才是对自己负责，对家人负责。如果说，我们所提到的专注、勤劳、担当、"粉丝"、工人、品质等，这些都是构成人生财富的那些"0"，自然是缺一不可，越多越好；但切莫忘记"平安健康"才是"0"前面的那个"1"：没有0，只有1，人生如原地踏步；没有1，只有0，再多0也是空。

　　每个人的一生都有两件最重要的事——吃饭和睡觉。"好吃养嘴"，健康不是吃好吃的东西、让嘴巴过瘾，而是要吃有益的东西、养生的东西，如此方能"吃好养身"。正如我们的品牌"乔治汤米"所寓意的，要"巧妙地治理好"自己的膳食，"喝好汤水"和"吃好米饭"，远离亚健康，吃出真健康。除了吃饭，睡觉也很重要。每天17个小时在直播间，持续了大半年，但我还是坚持每天晚上12点准时睡觉，因为年纪大了，身体不比年轻人，更因为我懂得平安健康才是"1"。

　　这个世界，每个人都不缺少梦想。有梦想，谁都了不起，但能为梦想而努力奋斗、付诸行动、持之以恒的人，才能成为真正的人生赢家。从昔日拼搏创业的年轻小伙，到如今头发渐白的中年老板，岁月如梭，但不变的是那份对理想的执着——比起回家当"收租公"，我更希望拥有一份乐趣、创造一份价值。我有一个"小愿望"，希望更多人衣柜里的衣服，都是通过郭长棋的直播间买来的；我也有一个"小目标"，希望我们的直播间2021年能做到3亿元，明年目标则是10亿元。这并不是天方夜谭，如今的我们，可以说是"天下无敌"——因为从来没有把任何人当作敌人，所以最大的竞争对手，只能是我们自己。作为土生土长的福建人，我相信努力就会行、爱拼终会赢。

在追梦的路上，我希望自己是一个"有1有0"的人。我更希望我的家人、员工、朋友、客户和"粉丝"们也是如此，守住健康之本，以专注、勤劳、担当的优秀品质，成就人生的孝、成、富与贵。

第二章
企业文化建设

企业之歌铸造心灵

霞光映红黎明的天空，五湖聚来青春的笑容，感谢命运带我到天地中，我的世界从此变不同。

都市里总是人潮涌涌，越来越少纯真的感动，我的诚心能化解严冬，梦想飞过关山九万重。

我用生之激情舞动东方巨龙，我用行动描绘心灵彩虹，我用生命谱写天地霞湖，将世界的美好深印心中。

心灵彩虹，有你有我，天地霞湖，有你有我。

——霞湖世家企业歌《心灵彩虹》歌词

用行动描绘心灵彩虹

2004年的一天，北京来的一个朋友说我们企业文化做得好，但缺了一首企业歌。

于是，我马上与北京一家专业写歌的公司取得联系，并很快谈妥签了合同，请他们写歌编曲。但是，结果并不满意。他们写的歌词，我总感觉到不是我所要表达的意思。修改几次后，仍不尽如人意就停了下来，我们还为此支付了相关费用。

后来，有一次，我到太子龙公司，看到他们的企业歌写得很好，就问是谁写的，太子龙的王培火董事长说是他自己写的，并强调："我们的企业歌一定得由我来写，因为只有我最了解这个企业。"

这句话给我很大的启发。原来北京的专业音乐人不是写不好，而是不适合我的企业，因为他们不太了解霞湖世家。谁最了解霞湖世家？当然是我。所以，这首歌也最好由我来写。于是，接下来，我用了几个月的时间来写这首歌。

初稿写出来后，我与许多朋友相互交流，他们各自提出了很好的意见，最后形成了现在我们的企业歌《心灵彩虹》。在此，我要感谢这些朋友，特别是北京的朋友刘萍，她与我进行了许多交流。

这些年的经历和体会告诉我一个事实：态度决定一切，为人处世，心态最重要！有了良好的心态，则家和、事顺、人旺。我把这首歌取名为《心灵彩虹》，就是希望全体霞湖人乃至全社会每个人都有着像彩虹一样美丽的心灵与美好的心态。

"霞光映红黎明的天空"，霞湖带给我们美好的希望。霞湖世家在努力为大家营造一个成长的平台，提供霞湖人发展的空间，就像我们的企业使命里讲的"为霞湖人创造机会"。

当然，希望更多的是由自己的心态来决定的。心态积极的人，会觉得这里充满希望，于是工作起来有激情有动力；心态消极的人，再好的环境也觉得不适合自己，认为这里发展的希望渺茫，于是，就可能认为其他地方比这里更好，结果一无所成。其实，觉得霞湖有没有希望不要紧，要紧的是你一旦养成"哪里都没有希望，哪里都不适合自己"的心态，你就有可能一事无成了。

我们的员工来自五湖四海，大家在同一个食堂吃同样口味的饭菜，在同一栋楼睡觉，在同一个企业共事，不同的背景、不同的文化、不同的性格，形成了公司人员的多样性和差异性。这些人是否能成为精良的团队，关键在于大家的心态能否接受各自的差异，从而做到"和而不同"。当然，公司也要采取必要的方式影响与教育整个团队。在我看来，任何人都没有缺点，只有特点，只要我们依据不同对象，采取不同的引导和教育方式，每个人都可以发挥他们的特点，成为专才、通才。

面带微笑的人最美丽

"面带微笑的人最美丽"，怎样才能每天面带微笑呢？

　　其中很重要的一点就是让自己变得"笨"一点，"笨"一点的人容易满足现状，活在当下，淡忘昨天，期待美好的明天。那些自以为聪明的人，总是想得多，计较也多，结果聪明反被聪明误。因此，每天傻笑的人，心态好、人缘好，别人相信你，不小心就把钱放到你口袋里。"五湖聚来青春的笑容"，代表霞湖能够将这么多不同的、美丽的人汇聚在一起，必然是一种幸福。

　　"感谢命运带我到天地中"，我们要有一颗感恩的心。首先感谢我们的父母，他们给予了我们生命。我们的伴侣、儿女、亲朋、好友、同事、敌人等，命运安排他们与我风雨同舟，所以我们要感谢命运。那么，命运由谁来掌握呢？自己！

　　一个懂得感恩的人，会珍惜自己，爱护自己，也会想尽办法让更多更多的人关爱自己。这时候，他自然就懂得回过头去关爱别人，珍惜别人。在他的眼里，世上没有不好的人，他的每一天都是美好的。他会善待周围的一切，他会珍惜现有的一切，而顶天立地地生活在日益变化的社会当中。

　　有了希望，有了幸福，懂得感恩，我们还得有自信，我们也应该自信。自信才会自强，自强才会在社会上生活得更好，才会成为一个"受人尊敬的平凡人"。

"我的世界从此变不同"，我一直相信，通过我的努力及"与时进学"（现在我每年都进大学），别人能做到的我一样也能做到；别人不能做到的，我也会努力去争取而不会放弃！正是这种自信和自我超越的精神，鼓励我克服了许许多多困难，一直走到今天，同样走向明天。每个霞湖人也应该相信自己，相信自己的同事，相信自己的产品，相信自己的公司。在管理当中，我们要不断学习不断进步。"我们唯一不变的是天天在改变"，在做人方面，越自信的人越懂得谦虚，越谦虚的人越容易进步。

不能改变环境，就改变自己

这首歌里面，我最喜欢"都市里总是人潮涌涌，越来越少纯真的感动"这句。因为它表达了现实社会的无奈和悲壮。是的，现代人都向往繁华的都市，但是，在这个水泥森林里，你不信任我，我不信任你，你冷漠，我也冷漠，你欺骗，我也欺骗。

在我谋生的过程中，所经历的种种挫折、不平、黑暗远非一般人所能体会，但我并没有因此而讨厌这个社会。我知道，我不能改变这个社会，但可以改变自己的心态。我相信，"我的诚心能化解严冬"，因此，无论遇到什么困难，我都会用我最好的心态去面对。正是这样，许多伤害我的人、看不起我的人、所谓冷淡与麻木的人，一一被我感动！我发现我的生活越来越美好，周围的人越来越可爱，这个社会也越来越温暖。

因此，我也希望所有的霞湖人用这种心态去生活，去面对。不要抱怨这个不好那个不好，不要逃避公司目前存在的一些问题，不要抗拒别人的批评或指责，而是要懂得"享受批评"。只要我们用真诚的爱心去对待他人，感化他人，一定能化解冬天的严寒！

"梦想飞过关山九万重"，人生在世，还要有目标，有梦想。唐僧取经就是一个典型的例子。他的梦想，他的目标就是去西天取佛经。有了这个目标，不管前面的路多么遥远漫长、多么艰难险阻，他们师徒意志坚定，不改变方向，不向任何困难低头，克服了关山九万重的困难，终于成功取回了真经。

在我们的"八项注意"中的第三项就是"标定位"。人生如果没有准确的目标定位，不敢做梦，没有理想，无论工作还是生活，就会很茫然，茫然的人不管他一生再怎么忙，到头来还是盲目一场空。企业也一样，要有长、中、短期目标和规划，这样才会长远发展。

心有多大，企业就能做多大；思路有多远，你就能走多远，有了远见、梦想，就有了我们的企业愿景——T恤全球第一！

只有想不到，没有做不到

"只有想不到，没有做不到"是我们一直提倡的精神。这种精神要求我们不但要敢想，还要敢做，敢成败。这种敢想敢做敢成败的精神，需要对生活与工作充满激情，需要踏踏实实的行动，需要坚持不懈的拼搏决心。

"我用生之激情舞动东方巨龙，我用行动描绘心灵彩虹，我用生命谱写天地霞湖，将世界的美好深印心中"，为了实现自己的梦想，我会用我全部的努力和所有的激情奋斗终生。我知道，前面的路还很长，而且会有很多艰难困苦，但这些都算不了什么，因为我深深地热爱我们的事业，因为我有许许多多同心同德的主管和员工，因此，我相信我能够做好，相信我们全体霞湖人也能做到，相信我们的企业愿景，使命一定能够实现。

我在写这几句歌词的时候，除了希望我们用激情、行动来实现梦想和人生目标之外，我也希望通过实际行动来展现霞湖人高尚的情操和思想境界，即"我用行动描绘心灵彩虹"，用行动修心、修行。所谓修心，就是要做到心灵美心态好；所谓修行，就是什么事都愿意做，什么活都乐意干，并且做得很好。

小时候，我们就学过"五讲四美三热爱"，其中，印象特别深的是语言美、行为美、心灵美。我一直在倡导

"好人文化"，我是希望大家用自己的日常行为来美化霞湖。这一点其实很容易做到，只要讲话的时候尊重别人一点，做事的时候尽责一点，对待别人好一点，对待环境爱护一点，公德心多一点（我们公司的"爱心T恤活动"、"员工基金会"、每年的慈善捐款等），你就是一个用实际行动美化了霞湖的人，就是一个具有彩虹般心灵的受人尊敬的平凡人。我最不喜欢那些想得很远却做不到的人，那些说一套做一套的人，那些没有半点自我反省的人。人为什么有两只眼睛、两个耳朵、两个鼻孔、两只手、两只脚，却唯独只有一张嘴巴？就是要我们多听，多看，多做，少吹牛！

"心灵彩虹，有你有我，天地霞湖，有你有我"，无我才能实现自我，这是在每一个霞湖人通过以上的努力和心理调适之后所达到的理想境界。只有你的心灵、我的心灵、每个人的心灵美如彩虹，霞湖人的内心天空才会美如彩虹；只有你努力、我努力、每个人都努力，霞湖的事业才能天长地久。

有一个故事说，一个教授要去演讲，在家写一篇讲稿，但他才几岁大的小孩子总是来吵闹，于是他把一张撕碎的纸给他，并承诺什么时候把它拼好拼完整，就带他去玩。他原以为这下子可以清静很久了，没想到只花了五分钟时间，小家伙就拼好了。他很惊奇，问是怎么拼的。小孩子说，这纸的后面是一个人的像，只要按人的部位恢复成完整的人像，纸就拼好了。教授大受启发，他就以"一个人是正确的，他的世界也一定是正确的"为题去演讲，获得了很大的成功。

同样道理，如果一个人的心态是美好的，他的世界也一定是美好的。让我们共同学习，养成一种美好的心态，去拥抱美好的明天。

愿每一个霞湖人的心灵如美丽的彩虹！让我们手牵手，心连心，共同唱这首属于我们自己的《心灵彩虹》！

企业文化铸造品牌

愿景：霞湖人是受人尊敬的平凡人，霞湖世家是全国T恤领先企业、全球T恤第一。

使命：为顾客创造价值，为霞湖人创造机会，为股东创造效益，为社会文明发展负责任。

核心价值观：自强、厚德、奉献

——霞湖世家愿景、使命、核心价值观

自强不息就是自强不死

每次看《动物世界》，都让我领悟到一种很强烈的生存意识。动物世界，你要么强壮，要么跑得快，否则就被吃掉，这就是自强。我们的社会也是这样的。小时候，你如果身强体壮、头脑灵光，你就不会被欺负，就是孩子王。读书的时候，你如果努力、成绩好，老师同学就喜欢你，考大学就有希望。一个企业，如果做到员工赚钱、股东赚钱、消费者满意，全社会就尊重你。一个国家，如果政治、经济和军事强大，就不会受到其他国家侵略，在国际上就有发言权。这些都是自强。

我出身贫寒，书也读得不多，所以，人生的路曲曲折折。过去所有的经历告诉我一个很实际的事实：人要自强，才不会饿死、冻死或被别人看不起。现在，我的事业有了很大的发展，荣誉、地位都有了，再不是过去那个被人欺负的穷小子了，应该说可以高兴和享受一下了。可是，看看四周，看看那些做得比我们更好的企业和品牌，我就感觉压力更大。原来，我只要解决了个人生存的事就行，而现在是担负着这么多人的发展，社会各界朋友都看着我，因此，我的责任更大了。每次出门学习、考察或参加商务活动，看别人做得那么好，或因为实力不够偶尔被别人"欺负"，这时候，一种强烈的危机感、紧迫感和屈辱感就会出现，促使我一定要强大起来。

同样的道理，做员工要自强。你坚持锻炼，身体健康，就不会生病，就不需要花钱去医院；你技术好，做出的产品质量就好，你的工资就高一点，也不会失业；你凡事多努力多用心，主管就喜欢你，你就有更大的发展机会。许多管理人员都是从普通员工做起的，他们为什么会从一个普通员工做到现在的管理干部？就是因为他们有自强的精神。一个自强的员工，一定有本事；一个有本事的人，无论走到哪里都受欢迎。

管理人员也要自强。同是管理者，为什么别人管理得比你好？为什么同一个团队到了自己手上就乱七八糟？为什么员工总是不喜欢你，与你作对？为什么你的产量、品质总是做不出来？所有这些问题，都告诉我们，一定要问问自己……

一个懦弱和自甘堕落的人，养活不了自己，别人也看不起；一个亏损不盈利的企业，对社会而言简直就是犯罪。因此，任何时候，我们首先要强调的精神就是自强，只有不断强大，才有生存立足之地，才能活得更好。我要感谢曾经欺负我、看不起我的人，是他们逼着我自强。所以，我认为，自强不息就是自强不死。

厚德才能赚大钱

很多资料都提到厚德，说什么"厚德"就能"载物"。我不太清楚这句话的来龙去脉和深刻含义，但我知道，厚德就是诚信，更强调一个人的品行和修养。这就对了，我觉得，对人要好，要宽和，要坦诚，要关怀和帮助，这是起码的要求。我对别人好，这是我做人的原则；别人对我好不好、帮不帮我，那是他们的事了。这就是我对厚德的理解。

我不知道自己是不是一个厚德的人，但是看看这些年我走过的路、做过的事，我敢说是问心无愧的。在我创业的过程中，我一直抱着感恩的心，去对待那些帮助过我的亲戚和朋友，并尽力给予回报。这其中，虽然有些亲戚不理解我，甚至做出一些不礼貌的事，但这是他们的事情，我该帮的还是照帮。

现在企业大了，我一直把全体霞湖人特别是员工当作同事、朋友和兄弟姐妹。我有个愿望，就是要让所有的霞湖人在这里健康工作、快乐生活、拿到工资、学到知识。为此，我总担心，现在的设施能不能让员工满意，现在的管理能不能让员工接受，如"霞湖基金""爱心T恤"等。我的手机一直是对员工开通的，只要员工打来，再大的事也先暂时放下，要接他们的电话，帮助他们处理提出的问题。特别是有员工受到处罚，或者有员工要离开霞湖的时候，我真的很难受，我觉得这是我没有做好，才使他们没有养成好的习惯，才使他们不喜欢霞湖。

在对客户和外面的朋友方面，我也尽量站在他们的立场去思考问题。品质做不好，我觉得我很缺德，客户会因此受到投诉，消费者会因此受到损害；到了交货期无法交货，我会睡不好，客户会因此造成经济损失；社会上很多朋友帮助我，我就想，他们多好啊，我一定要感谢他们。

这些年，我就是抱着这种心态来对待所有人。我觉得这样做很自然，并没有什么特别，因为将心比心，假如我是员工、是亲戚、是客户，也会希望别人这样对我。

有句古话说，商人重利薄情义，还说无商不奸。这样的人当然有，但都做不长久。真正成功的商人和企业，在自己盈利的同时，更会考虑到为社会创造财富，为社会承担更多的责任和义务。他们为商一地，造福一方；他们德高望重，受人拥戴。像荣毅仁先生、霍英东先生都是这样的人。他们不只是因为财富，更主要是因为他们的品德让全中国和全世界人们佩服、爱戴。

霞湖之家，好人之家，我一再强调，做事先做人，做人德为先。我们在经营管理过程中，永远是将人的品德排在第一位的。我们要将爱心、诚信、责任等美好的品德融入霞湖人的工作生活中。让我高兴的是，这些年通过大家的努力，霞湖世家得到了社会各界的普遍赞扬，我们赢得了越来越多的朋友，霞湖人的精神风貌也越来越好。

因此，厚德载物，就是厚德赚大钱！

无私才能实现自我

我常跟朋友开玩笑，说："佛祖心中有，酒肉穿肠过。损人的事情绝对不能做，不损人的事情都可以做。"
我对佛有三种理解：第一，佛就是无，就是神，就是精神；第二，佛学就是为人文化的最高境界之一，引导我们厚德修身、普度众生、慈悲为怀、天地和谐。因此，我相信因果循环，你种了什么因，就会有什么果。小时候，父母告诉我，一分耕耘，一分收获；还说，你要想别人怎么对待你，你就得怎么对待别人。长大了，经历许多人和事，渐渐知道，奉献其实就是和谐的自然规律。这个社会，这个世界，之所以维持着一种动态的平衡，就是因为有了相互的奉献。

那段时间，听了冯两努老师的课后，我对事物有了一种清醒深刻的认识，那感觉就像武侠小说中所讲的打通了任督二脉，万流归宗，一理通百理明，豁然开朗起来。一天休息的时候，我看到我家园子里绿油油的植物，突然有种顿悟的感觉：它们之所以愿意不自然地成长并在忍受我们的特型修剪后，还给我这么美好的绿景享受，是为了回报我对它们的劳动——浇水、杀虫、护理等。这样，它们奉献绿色，我奉献劳动，大家相互奉献，和谐共处。有奉献才有和谐，植物是这样，动物是这样，社会也是这样。

奉献是维护这个社会和谐发展的基础，人人为我，我为人人，大家只有等值奉献，才能持久地维持相互的友谊、感情和事业。家庭中，你如果不能给你的父母、伴侣、孩子及兄弟姐妹奉献什么，再亲再深的感情也会疏远。他们会说你是一个没有用的人，渐渐地就不理你，看不起你。所谓"久病床前无孝子""穷居闹市无人问，富在深山有远亲"等，都包含了这个道理。并不是别人没有人情，而是你对他们没有奉献啊。

对客户和朋友也是这样，你给了客户和朋友什么，客户和朋友就给你什么。你如果总是站在自己的立场，不对他们有奉献，他们当然就不与你来往了，你困难的时候也就不会帮助你了。因此，我们要想办法把品质做好，交货期要准，要维护客户的利益，这样他们也会主动来关怀我们、照顾我们。有一年第二、第三季度我们的交货期有延误，给客人带来了一些损失，他们看在我个人面子上，没有要求赔款，但我还是主动地道了歉，并汇去了应该赔的损失费用。这些客户非常感动，他们继续指定要我们做他们的货，因此，我们也一定要做得让他们满意。如果再做不到，他们会觉得我们没有奉献精神，也就不可能再给我们机会了。

管理也是这样。这些年我对员工好，所以员工也对我好，有什么心事和问题总是对我说。管理人员要想想，即使你给公司奉献了，但你给员工奉献了什么？服务了多少？你如果没有奉献，没有服务的意识，你凭什么坐在那里指手画脚？员工又凭什么要服从你？

员工也要有奉献。你奉献得越多，工资就越高，职位晋升就越快，发展机会就越多。你如果没有能力，态度又不好，还经常违反规章制度，谁会喜欢你啊？你又怎么能得到你想要的工资、机会、名誉呢？有些人不会检讨自己，总会埋怨他人，埋怨这个社会，其实完全是他自己没有奉献精神和奉献能力，怎么能怪别人呢？

奉献是不能讲回报的，要不你的奉献就变了味，就有作秀的嫌疑，这样反而破坏了你奉献的美好心情。奉献是自然的，是心甘情愿的，是人的良好品德的自然表露。这样做，你会坦然地接受各种事情，别人也会感恩于你，自然也就会在你需要的时候伸出援助之手，你也会得到更多。所以我有句不太通顺的"名言"：无私是最大的自私，无我才能实现自我。

现在，我们把自强、厚德、奉献定为公司的核心价值观，希望大家好好理解，我不想强迫你们接受。但是，当你理解了，我们就能同心同德，做好各自的工作。我们的个性可以不同、达到目标的方式也可以不一样，但我们的观念、思想一定要统一，只有这样，我们才能团结一起，为着愿景和使命努力奋斗！

对于霞湖世家来说，唯有自强、厚德、奉献，才能实现我们的企业愿景——"做一个受人尊敬的平凡人，做全国T恤领先企业、全球T恤第一"；也唯有自强、厚德、奉献，才能实现我们的企业使命——"为顾客创造价值，为霞湖人创造机会，为股东创造效益，为社会文明发展负责任"。

和文化与企业发展

我出生在一个遥远的海边小村，"日出而作，日落而息"曾经是我童年的生活方式。那时候，看朝霞漫天，就知道一定会是个好天气；看乌云密布，就知道这一天不能出海捕鱼；看海水定期涨了起来，就知道也一定会落下去；看海水落下去了，也知道过不多久一定会涨起来——我当时不知道这是天地自然规律。

后来，我走出故乡闯荡天涯，在艰辛的创业过程中，遇到了许许多多的人和事。做生意曾经亏过本，让我吸收了教训；如果没有亏过本，也就不会有后来的赚钱。与形形色色的人打过交道，特别是那些不务正业、不守法、不道德的人，但我与他们都能和睦相处，并从他们身上学到不少东西。

1993年，在福州谋生时被小偷光顾过，多年的心血（两万元左右）被洗劫一空，为此很气愤，很消沉。但也正是这件事，让我悟出不少道理，并促使我的人生产生了深刻的变化：第一次带太太出去散心；意识到这么多年才赚那么一点钱，大部分还是太太的功劳；坚决改掉了一些不良习惯；更为重要的是，由此我产生一个梦想——做一个负责任的男人，并在我的故乡霞湖村的"大房公"小庙里点香发誓，没有十万块的身家不回霞湖村。结果，不到一年，就赚到了十万块钱。两年后，我用十万块重新修建了这座小庙（现在这里香火鼎盛）。因此，回顾这段难忘的经历，从某种意义上说，我要感谢那个小偷……

今天，随着公司的发展壮大，出现的问题和矛盾也越来越多。品牌的运作、产能的提升、品质的稳定、人员的管理等，方方面面都让人操心。不过，我知道，正是因为有了这些问题和矛盾，才使我们的企业一步一步完善，一步一步发展。人是在问题和矛盾中成长的，企业也是在问题和矛盾中发展壮大的。

经历是一种财富，苦难是最好的学校，所有这些，慢慢地让我悟出一个道理：凡事都有它的自然规律，都有它的两面性，只要把握好一个度，从正面的角度思考，则万物皆有利于我。当然，万物皆要能和平共处，必须学会用妥协的方法！这或许就是"和"的意义所在！

和，这个看似很普通的字，就这样伴随我一路走过来，给我很多的教诲与启迪；同时，它还将伴随我走向光明的未来。

从2003年2月起，霞湖世家工业园区的正门大楼的墙壁上，就一直贴着以下金色大字：

五和：家庭成员和、亲朋好友和、社会交际和、合作伙伴和、霞湖内部和；

四动：工作劳动、激情心动、团队活动、健康运动；

三爱我：爱我自己、爱我家庭、爱我霞湖。

当时，曾有人笑道：这么简单的文化，还贴那么高！我想，我们的员工能把简单的文化理解透就不简单了。如果能做到，就更不得了。下面，我简单地谈谈"五和"。

家庭成员和

"天时不如地利，地利不如人和"，依据以上我对"和"的理解，霞湖世家渐渐形成了一些有关"和"的管理与做人的文化。

我们公司提倡"五和"：家庭成员和、亲朋好友和、社会交际和、合作伙伴和、霞湖内部和。这"五和"看似简单，但真要做到，却需要很多的心思。尤其是要心平气和地做，即以平常心处理复杂的事，以平静心看人间事，以平和心对繁琐事，这样则诸事皆通。

例如，其中的"家庭成员和"。家虽不大，但有不同性格的人，有爸爸型的、有妈妈型的、有老婆型的、有老人型的、有小孩型的……每个人的思想、个性、人生目标、爱好兴趣等都不相同。你怎样用心了解每个人的内心世界，了解后你又如何用适当的方法与其沟通和相处，这都需要坦诚面对、相互尊重及必要的妥协。如此，家庭自然也就和谐，万事也就兴旺。

这里我举一个亲身经历的事例来说明。十几年前，我在福州创业时，住在乡下的母亲与我的堂叔吵了起来。原因是我家房子边流水沟的流水方向朝着叔叔的后门窗，一个"风水"先生告诉他这样"风水"不好，于是，他要我母亲改水道。我母亲认为这是自然的水道，"要改你自己去改"，于是就这样吵起来。我母亲打电话要我马上回来，说她被欺负要我帮她出气。我回来后，先到叔叔家，一见面我就给他300元钱，告诉他："你去改，我给钱。"并问他钱够不够。他开始不理解。我说："只要你们不吵，钱不够我再多给。"他说："够了够了，100元就够了，你怎么这么客气……"于是，我交代他"别说我给钱了"。回到家，我又跟我母亲说我训了堂叔，他自己会来改水道的。回到福州后第二天，母亲来电高兴地说，堂叔怕我了，在干活了……

这件事之所以能"皆大欢喜"地收场——母亲高兴、叔叔满意、我在外安心赚钱，就是因为我在理解他们的基础上，妥协地处理了这件事。我的目的是要让家庭成员和，出点钱、用点方法都是必要的。

亲朋好友和

人们为了利益，把客户称之为上帝，而亲朋好友才是人生永久的财富！

亲朋好友一直是中国社会人与人之间联系的重要纽带。节日里，互相拜访、祝贺便是亲朋好友交往的最好例子。亲朋好友和平共处，是幸福人生及社会稳定的基础。

多个朋友多条路，朋友多了路好走。无论什么样的朋友，只要正确看待，相互支持，相互理解，你就能从中学到很多东西，也能帮助你提升自我，还可以得到你所需要的资源。

懂得珍惜亲朋好友的员工，在工作中会珍惜同事的友情，不易斤斤计较，容易营造和谐的团队，从而有利于提高团队的整体效益。

社会交际和

要做到"社会交际和"，就要具备足够的沟通技巧和良好的社会公德。

很多人觉得人与人之间很难沟通，其实很简单。沟通要以目的为导向，用智慧改变过程。"逢人减岁，见物添财"，遇见他人"减少"自己的岁数，人人都是大哥；见到他人的物品，都夸它是昂贵的。人人都渴望尊重，人人都喜欢赞美。

与人探讨，先认同别人的观点，让其感觉有面子，又满足了对方好胜的心理，这样，生意自然交给你了。这就是，输了争辩，赢了生意。

无我才能体现自我，这是沟通的秘诀。

员工懂得了"社会交际和"，就能自觉地协调并参与公司的内外管理，从而为公司赢得外部资源和良好的社会形象，这样的员工不仅为企业发展做了贡献，而且成了促进社会和睦的好公民。

合作伙伴和

合作伙伴是战友，战斗在同一条战线上。所有员工都要意识到"合作伙伴和"是百年企业的基石。

自己吃亏，是达成"合作伙伴和"的重要秘诀。如果人人能在你身上占点"便宜"，你的合作伙伴就会越来越多，你的事业就会越做越大。所谓傻有傻福，吃亏是福，大智若愚，"霞湖世家从来不欠人一分钱"，这就是合作伙伴对我们的评价。

现在，我们的管理已延伸到供应链管理。社会分工日益细化，在各行业协作日益密切的今天，更讲究产业链各环节及相关环节的密切合作，形成双赢或多赢的局面。

员工理解并参与到实现"合作伙伴和"当中，企业就能稳定发展。

霞湖内部和

霞湖是员工共同的家园，"霞湖内部和"与"家庭成员和"是一样的道理。

霞湖世家本身就蕴含了天时、地利、人和的意思：伴着天上最美丽的霞光与地上最美丽的湖景，世世代代和和睦睦生活、拼搏。打造百年企业，是我们共同的理想。

一阵清风，带着清香。当霞光照在湖面上，我的心充满了激情……霞光的湖，永恒的爱。

如果每个"和"都做得很好，你会是什么样的人？沟通是第一生产力，假如每个"和"是20分，你能考多少分？

和而不同

在自然界里，各种不同的植物、动物、微生物相生相克，共同维持了地球上动态的生态平衡。正是因为生物的多样性，才构成这个生机勃勃的世界。人类社会同样如此，因为有了各种各样的行业，有了形形色色的人，才有这个丰富多彩的社会。

人，因为相同而联结，因为相异而成长。和而不同，同而不和，和的对立是相同。每个人都有不同的性格、目标、做事方式、生活习惯，正是这种种的不同，才形成一个完美的团队。因此，不要苛求他人与自己各方面都相同。所谓有容乃大，一个心里容得下整个世界的人他才可以看到整个世界。所以，一个人得有"和而不同"的胸襟及"求同存异"的心态，如此，方能站在高处，瞭望事态全境并做到运筹帷幄。

比如人的身体也是一样。身体里面会有癌细胞、细菌以及各种病毒。人体健康的细胞们因为有了它们的敌人，才激发了健康细胞的生长激情。如果健康的细胞战败了癌细胞们，身体就健康；反之，就生病。也许你会问人体为什么需要这些坏细胞，就像世界为什么会有这些坏人，肥壮的羊群中为什么一定有狼存在？我听过一个故事这样说，挪威人喜欢吃沙丁鱼，但捕上来后很容易死，因此，渔民拿到市场卖的全都是死鱼，唯独一个老船长每次都能以昂贵的价钱卖出活的沙丁鱼。秘诀在哪里呢？直到老船长死了之后，好奇的渔民到他船上去看才发现，他的每个鱼缸里都放着一条以沙丁鱼为食的鲶鱼……

大千世界，莫不如此。一个企业，外面也一定要有强劲的竞争对手，内部要有不同特质、性格、能力的人相互竞争，这样的企业才能强大，才有生命力和创造力。

和而不流

意识到了"和而不同"，也就比较容易理解"和而不流"了。如果一个人总是抱着"道不同不相为谋"这样的心态为人处世，一天到晚总认为自己是最棒的，一副清高自负、超凡脱俗的样子，那他的人脉就会日益枯竭，并有可能陷入孤家寡人的境地。由此，他的人生及事业发展也会受到很大的影响。"得道多助，失道寡助"，只有抛开成见，学会与不同阶层、不同主张的人打交道，才会有更多的朋友与资源。

但是，和而不流，我们也不能因为想多交朋友，就丧失了自己应有的立场，或是受他人影响而迷失人生的方向。与人要和，但不要同流合污，不要同流结派。当然，做到这点是有些难度的，因为人很容易"物以类聚，人以群分"，人一"群分"，就有可能拉帮结派，就有可能被"同化"或迷失自我。因此，它需要有高超的为人处世的智慧和独立的人格意志。这方面，我建议大家可以去读《处世悬镜》，这本书会告诉你很多做人的道理，我曾经买了300本送给我的同事和朋友。

例如，在平时人际交往及工作过程中，当我们遇到不同的意见和主张时，大可不必当面反驳，或大声斥责，以免伤了和气。这时明智的做法就是仔细倾听，用心包容。接受我能接受的，给予我能给予的。我们意见不同，但还是朋友、同事。

再如，以前，我在摆地摊的时候，认识一些"朋友"：有抢买抢卖的，有短斤少两的。老实来讲，我内心里并不认同他们，但那时候我还是能跟他们很好相处（因为我经常买单），他们也在我摆地摊的一段时间里，给我不少帮助和关照，让我成为"地摊大王"，而我自己并没有因为与他们交往而沾染他们的习气。

因此，一个人若能在各种各样的环境中生存却又保持自己的本色，在与形形色色的人交往中左右逢源却又不失自我，做到"和而不流"，肯定会取得成功。

和而不党

"和而不党"是指与他人和但不一定要有相同的党派或信仰。这里的"党"不是平常说的小团体、小帮派，而是更高意义上的社会群体。一个社会是由各种各样团体、党派、信仰的人组成的；一个社会也正是因为有这么多不同背景的人，才显得如此富有意义和价值。

我们身边的人都有各自的信仰、背景和组织，我们的价值观也可能有些不同，但为了共同的目的，为了和平相处，大家同样能做到"和"。毛泽东当年就提出"团结国内外一切可能团结的力量"，"统一战线"也成为中国革命胜利的法宝之一。现在，中国致力于中华民族伟大复兴，也得依靠工人、农民、知识分子等不同的社会阶层。大家的阶层及背景是不一样的，但目标一致，因此，可以和谐共处。

人与人之间也是这样，我们可以有不同的信仰，可以是不同的组织和党派，但我们一样能和睦相处，一样能成为同事、朋友。

争也是和

以上我讲的三个方面，重点强调的是我们要以一颗包容的心来对待周围的人和事，以达到"和"的目的。但有时候，必要的斗争也是不可缺少的，"争"也可以和，"争"也是为了和。

再说我摆地摊时候认识的一个"朋友"吧。为了帮助他开"黑网吧"，他母亲把房子抵押了，好心的姐姐也借给他不少钱，结果，"黑网吧"被公安局抄了。他母亲和姐姐的钱付诸东流。他不甘心，又想再开"黑网吧"，没有钱，于是到中山来找我借。

我对他说："如果你生活有困难，我绝对帮助你，但你借钱去做这种违法的生意，我是不会帮的。"同时，好心劝他不要再做这种生意了，既害人也害己。他不但不听，见找我几次都不借，最后发短信威胁我："以后你家里发生什么事，都是我做的……"

接到这条短信后，我哭笑不得。我当然不会被这样的话吓倒，我知道该怎么做，坚信邪不压正是这个社会的主旋律。但这件事也给我很深的触动和思考。过分的包容不但不能"和"，反而会害了当事人及他周围的人。如果当时他的母亲和姐姐不借钱给他开"黑网吧"，他也就不会陷得这么深。明知他做的是违法生意，却还要包容他、帮助他，结果反而害了他。

因此，为了"和"，对于有些人和有些事，我们就必须采取另外一种方式：斗争。过分的包容就是纵容，必要的斗争可以换来"和"。现在，大家都在说这个社会见义勇为的人越来越少，胆小怕事的人越来越多，老鼠过街无人喊打也无人敢打，看到各种抢、偷、骗等不良的社会现象，大家明哲保身，作壁上观，见死不救。

其实，之所以造成这种状况，每个人都有责任。这次你见死不救，不站出来斗争，等于是助长了坏人的气势；

下次你被抢被偷的时候，别人也不会来帮助你。这样，社会就形成一种恶性循环，最终整个社会变得乌烟瘴气，无"和"可言。

由此看来，为了"和"，包容与斗争都是必要的。何时要包容，何事要包容；何时要斗争，何事要斗争，都必须因人因时因事而定，凡事都不可太过或不及，否则就会走向另一个极端。只要把握好了一个度，平衡好其中的利害关系，也就自然和谐，这是社会生活的规律，也是普遍的自然法则之一。

我不知道现在这个"朋友"怎么样了，但我相信总有一天，他会明白我当时拒绝他其实是在帮他。因为，当时我若借钱给他，他的债反而会越筑越高，陷得越来越深——"黑网吧"的生意是注定要失败的！

中庸之和

有一次听管理的智慧课程，老师提出工厂管控的前提是人心改造，人心改造的重要原则是轻"和"重"效"，是要"治假崇真"、打破"面子主义和人情主义"。其中，轻"和"重"效"的观点我不赞同。和气生财，不和哪有心情去造效？

在前文中，我从和而不同、和而不流、和而不党、争也是和、霞湖之和等五个方面全面论述了"和"的内涵，也全面回答了公司以"和"为指导思想的目的，"和"是一种圆融、和谐与快乐的文化基因。每个人都需要工作，快乐工作也是一天，不快乐工作也是一天。要知道每个人都是为了享受生活的每一天而努力工作的。工作环境与工作过程不快乐不和谐，你能维持多久？我们都是"享受过程"，而不是"追求结果"，因为每个人的结果都是一样的。

然而，有些人把"和"作为不讲原则、不要制度的借口，作为只做好人不做好事的理由，作为执行力不够的挡箭牌……这是对"和"的一种误解，也就是一种不负责的表现。如果这样，难道"和"是错的吗？

和，不是和事佬！不是搞好人际关系！不是好人就行，做事如何无所谓！不是面和心不和！不能导致"人情文化"泛滥，大家都在做人，没有人对做事负责，结果，人浮于事，工作丢三落四；公司表面上和和气气、平平安安，实际上暗藏危机。

公司的本质就是创造利润，要创造利润就得靠全体人员团结一致，共同用心把每一件事做好。开心工作，工作开心，我们要建立以和为指导思想以利为导向的团队。

和，不是只讲好话，也不是讲有伤和气的话，更不是做有伤和气的事！不是个个都是好好先生！为了面子，表面一套，背后一套；为了不伤感情，说假话，做假事，大事化小，小事化了，睁一只眼闭一只眼。这样一来，提供的数据不准确，反映情况不及时，员工的建议上不来，工作的绩效提不起，出了问题遮遮掩掩不敢上报……最后，批评与自我批评成了一句空话，德治霞湖更只成了我一个人的理想。

企业管理需要对各个环节各个层面及时有效的管控，而面子主义和弄虚作假，使管理脱离实际情况，违背客观事实。于是，顾了面子、丢了原则，买了人情、卖了公司的制度，决策失控，方法失效，问题失真。

和，不是相互护短！不是相互维护各自的小团体利益！更不是井水不犯河水！为了自己的小团体利益，忘记了"无我实现自我"，为企业争取利益，你的小团队才有利可图！企业是一个分工与合作的有机体，如木桶一样，一只木桶能装多少水往往是决定于最短的那块木板。部门设置是一种纵向的职能划分，而公司的业务更多是横向的流程体系。作为业务流程链上的各个部门，相互之间其实是一种上下游工序的工作伙伴关系，是一种责任流程的关系。只要其中一个环节出现问题，整个公司的业务就会受到影响。

和，不是要你养成懒惰的习惯！那是种没有责任感和执行力的人，养成了凡事马虎、草率、不彻底、无恒心的习惯。不要以为，因为提倡"和"，就是不能处罚员工，就要无原则地对员工好，这样既害了员工，也害了公司。

某些员工错误地认为，郭总是讲和的，是讲人性化管理的，不想严厉处罚员工，因此，偶尔可以乱来、可以犯点错误、可以与管理人员顶着干、可以随便乱发投诉信、可以不遵守公司的规章制度……如果这样，那我更痛心了，因为我把你养成了一个"懒惰鬼"。有些员工贪小便宜，偷公司的衣服卖了点钱。我更痛心的是，让他养成了不务正业、小偷小摸、贪小便宜的习惯。如果他有儿女，我不敢想象他用什么行为、用什么思想品德来教育他的儿女。难道他就愿意世世代代都做小偷吗？他在霞湖，只要努力工作、认真学习、修身养性，尽管没有很高的文凭，但是我们会提供很多发展的机会；尽管他不是很有钱，但他精神富有，也是"一个受人尊敬的平凡人"，更是一个受儿女尊敬的父母，从而懂得正确教育自己的子女……

记得八九岁的时候，我尊敬的父亲在井边拾到一块上海牌手表，四处无人，他完全可以占为已有。但是，回到家，他拿着手电筒带着我，摸黑挨家问过，最终找到了失主。失主是我村的一位长辈，他双手紧握我爸的手……这一幕让我终生难忘。

眼前的利益固然重要，但不义之财不可取，万事都有因果关系。我们提倡"不迁怒、不贰过、不伪知、不二心"。不迁怒：身体好、相处和气。不贰过：知错能改一定是大进步。不伪知：明白事情真相，能够解决根本问题。不二心：人在霞湖，心在霞湖，人心合一，万事如意。四个"不"，深入"和"的思想，能真正做到用数据说话。

"我加你一定大于我。"当我多了一个员工，我一定想到1+1>1的理论。在T恤管理学院，我提倡大家学习要放低心态。"两人行必有我师"，无论哪个人，我们都能从对方身上学到有用的知识，学习到对方的优点。或者，你感动了对方，让你有了知心朋友。前几天，我在家中和邻居喝茶，她问我为何生意合伙那么难……

我问她一个数学题，1+1大于多少？她思考了一下，回答1+1>2。我对她说，她对合伙人的期望太高。"你+他"一定要大于你们两个的能力，这样是很难的，就比如我们今天在喝茶，相互切磋，你的知识让我进一步完美，我的话你收获一小句就很好了，不可能我会得到你的全部知识。所以，合伙也一样，我们合伙总比我一个人做好。那么，我的结论是1+1>1，这也是全世界最难的数学题。我用三岁小孩的智慧得出这个理论，人都是在自然中成长的，为什么明明知道1+1>2是错的还要这样想呢？在我们公司，我只希望工厂的每一个员工加上我会大于我。当然，当1+1<1时，我们为何还留住那个无用或起反作用的人呢？

"和"真的是错的吗？一家人，你是我的亲人，确实不能否定；我对你的帮助也是应该的。但是，对你的帮助有个度，也可以采取不同的方式，而不是无止境地满足你的个人要求，这样会害了你。对你帮助无数次，让你满足了无数次，然而有那么一次不满足你，你就会生气，就会对我失望，说我不是你的亲人……有些员工也有这种心态。对他好，他觉得是应该的，但是，只要有一次你满足不了他，他就会说："大家都说郭总人好，其实也是一样……"哈哈，我本来就是一个平凡的人。朋友当中也有如此情况，他生意不顺利向你借钱，一次、两次、三次，有一次我看他没希望了，不借了，毕竟银行也不能这样啊！可当你不借时，他就会有抱怨，或者从此不跟你做朋友了。

有这样的亲人，有这样的员工，有这样的朋友，他们唱起《感恩的心》比谁都好听，但他们只记住了谁不给他什么、不让他做什么事情、不给他什么机会，他们一直都忘记了谁给过他们什么。从他们身上我体悟到，什么是感恩："感恩"就是我只记住谁曾经给过我什么！

"和"就是这么自然，这么简单。写到这里，有个朋友知道我好学习，特地打电话要我去参加华红兵的理论课，他为我争取了这个学习机会。我太太问我他是谁，我说电话里不太记得他是我哪位朋友，好人真多。然而有些人总觉得这世上好人很少，问问你自己，为什么好人这么少，如果你是好人，他是好人，我是好人，那么坏人是谁呢？和，从我做起！

再举一件我女儿小时候的事。有一次，我女儿在学校打电话来，说她的牛奶被别人偷了两包，这意味着这一周她会有两天没有牛奶喝。我太太做了一些安慰和抱怨。我听到后却觉得这是一个问题，应该引导一下。于是，我约女儿在九点钟来听电话。电话中，我告诉女儿，她作为班长，班上还有这样的行为发生，她是要负责任的，因为她平时没有带好这个班。因此，我要她（不是去抱怨别人）写一封自我检讨书当着全班及老师的面读，好好检讨自己平时与同学们少交流关于品德文明的知识。女儿开始不太愿意，但是通过我的努力引导和教育，最终还是这样做了。

对于一个才十岁多的小孩子，用这种高度去要求她，确实是有点勉为其难。但是，她这样的举动，让她本人养成了一种凡事先自我负责的习惯。我相信那个偷牛奶的同学听了，一定会难过得无地自容，或许还会下定决心改过。而对于老师来说，听了我女儿的检讨，也会深感惭愧，从而促使她以后更加努力教育好学生。这就是"和"的精神，它起到了"一箭三雕"的作用。否则，那个偷东西的学生可能会继续偷下去，我们的社会也就可能又多了一个坏人。

本质上，我们的员工都是好人，他们中有些人之所以会犯错或违规违纪甚至违法，是因为我们没有营造一个好的环境，没有引导和教育好他们。修身是最有价值的，我们共同打造好的环境吧！

之前，李院长要我给他的新居写一副对联。我写了一副给他：上联是"和谐香山我有一寸"，下联是"自强厚德有我双奉"，横批"安居乐业"。对联把中山与霞湖的价值观融合在一起，把个人理想与社会和谐联系起来。一个人无论走到哪里，要想"安居乐业"，就要在生活上知足，在学习与工作上要永不满足。不断努力，自强不息，善待周边的人与事。这样，他才会被这个企业和这个地方所接纳，并谋得一个稳定、和谐的发展平台。同理，霞湖的所有员工，包括管理干部，只要大家真正做到了自强、厚德和奉献，就一定会有非常光明的发展前途，也一定能在中山安居乐业。

对联中，"我有"与"有我"对比意义重大。"我有"表示在这么好的地方拥有一寸土的自豪与幸福；"有我"代表奉献，对社会、对企业的一种奉献。今天的霞湖

　　在管理上不断提升，在制度上不断完善，军队式管理的目标将很快得到实现。

　　在霞湖的每个人都能感受到同事之间如家人般的和谐氛围。共同学习，共同修养，一切为了下一代而努力！

第三章
企业管理

平凡人，敢做不平凡的事

金钱、人才与品德管理

有"本"才有"钱"，有品德才是人才。我的大侄儿，原来总是认为自己没有本钱做生意，后来我借给了他一些钱，但还是成功不了。从他身上我悟出了"本钱"的道理。他也意识到了这一点，现正在努力地种"本"。

"我想去做××事，可惜没有本钱""×××之所以成功，是因为人家本钱大啊……"有些人觉得，他自己之所以不能做某事或做得不成功，是因为没有本钱，不是因为他没有能力。

这话听来好像有点道理，但其实是一种借口，一种不敢承担责任的推诿之辞。当我们真正弄懂了"本钱"的含义，大家也就知道为何要增强自己的"本钱"了。

中国的汉字非常奇妙，我们的祖先在造字的时候，早就将一些人生世事的道理糅合进了汉字的结构之中。"本"，"木"下加"一"乃树根即固本之意；种树养根、积德养心乃根本之道；固本，指人的本事、文凭、口碑，实践经验和修身养德。"钱"，二"戈"争金之组合，意即要真枪实干才能夺得金钱！

"本"是根，"钱"就是枝叶花朵，无根有植易干枯，无本有钱易亏损。

这就是本钱最基本的含义，它是指一个人能力、经验和品德的综合素质。只是后来随着社会语言环境的变化，本钱逐渐成为"做某一件事的经济基础"的代名词。

由此看来，一个人要想成功，要想做好某一件事情，首要的是先问问自己的能力如何、自己的态度如何、自己的品德如何。有能力、品德好的人，即使经济基础不好，也能做出一番大事业；而能力和品德不好的人，即使给他很好的条件，有很强的经济基础，最终也可能把事情办砸，并最终一事无成。

因此，对于每位主管和员工来说，你要经常反省自己：我的本钱在哪里？我有做一个主管的本钱吗？我有做一个优秀员工的本钱吗？对于公司来讲，它也会培育和选择那种有本钱的人负责相关的部门和相应的工作。没有本钱，又不愿意学习增加本钱的人，你就可能随时失业。

在本钱的诸项素质要求中，我们更看重一个人的品德。"德才兼备""德、智、体、美、劳"一直是我们国家考核干部的标准，在这个标准里，"德"被摆放在首位。同理，我们企业对于人才的选拔，首要的标准也是

"德"，其次才是"才"，即有品德的人才是人才。

水平高但没有品德的人，可能一开始可以为公司创造部分利益，但时间一久，就会影响团队关系，损人利己，甚至会利用他的才干给团队和社会带来更坏的影响与更大的损害。

特别是一个高层主管，这种人有能力有经验有知识，如果品德不行，他带来的破坏性就不只是一个点，而是一个团队一个更大更深层次的面。

主管，就是一个团队的领导。所谓领导，就是领着团队以你为导向，就是以你的目标、你的方向、你的思想、你的品德、你做事的模式、你的专业知识等为导向。其中，你的目标、方向主要是由公司的最高层领导来制定，但是你的品德、做事模式、团队绩效、专业知识决定了你可不可以当这个领导。

中国有句古话：上梁不正下梁歪。这里的"不正"和"歪"都是指人的品行道德，意思是说，上级的品德不好，下级的品行也不会好到哪里去，有什么样的主管就会有什么样的部属。主管是一个团队的核心，是团队成员的榜样，他的一言一行，潜移默化地影响着团队成员。因此，从这个意义上说，对公司而言，主管的品德远比他的技术和经验更重要。

主管首先要提高自己的修养，学会管好自己，凡事以身作则。好的主管还应该是一个良师益友，除在专业技术上可以指导部属，还要在品行方面帮助部属完善与成长。

属下的离职，领导要承担70%的责任。在管理员工的时候，你有没有站在员工的立场去考虑问题。在部属离开的时候，你有没有去想过自己是否存在问题，你能不能得到部属的信任，你知不知道部属是否有什么困难……

管（官人拿着一条竹鞭），就是关心、爱护，负责任与监督；理（往里面淘金），就是通过工作产生效益，把每一件事情理好理顺。这样大家就明白了什么是管理，如何正确使用管理者的权力。比如，推荐自己的亲友来担任一个职位，这本来是好事，是关心爱护亲友，但这个人能否胜任？你要对公司负责任。

上次有一个员工打电话给我说，他和另一名员工在同一个组上做事情，因为同样的原因没有打卡，给主管签名的时候，主管给他老乡的那张补卡单上注明"因公事未打卡，请免扣五元钱，特此证明"，但是就是不给他证明，他觉得很难理解。我相信他并不是真的很在乎这五元钱，而是他在内心感到不公平、不公正，他想知道原因，可是主管不解释给他听。

显然，这个主管的做法既没有道理，也没有品德。他的行为违反了公司的制度。在这里，我并不想为这五元钱来指责谁，但是这样的做法让我深思：一个人在微不足道的利益面前都不能做到心正，又怎能在重大利益面前做到光明磊落？我又怎么放心将更重要的任务和更多的事情交给他去做？

有些主管能力差，但有小聪明，把自己部门的人际关系处理得不错，问题不易发现，只是部门效益差，这种团结不是团队精神。正如管理大师德鲁克所说："团队中如果人际关系不以达成出色绩效为目标，就是不良的人际关系。"所以，团队精神就是效益的最大化。

品质观与道德观

"为顾客创造价值"，那么，顾客最需要什么？最需要的是好品质的产品！

"品质是企业的生命"，我们的品质管理制度是很严格的，但是，各种各样的品质问题还是会重复出现。为什么品质问题还是得不到根本改善？深刻的原因是我们的思想意识有问题，为此，我提出了"品质观与道德观"的看法。品质做不好，就是缺德。

产品即人品，什么人做出什么产品。有品德的人，责任心强，做事的时候就会想到他人："我定要做好，要不然，对不起主管，对不起公司，对不起上下游的同事，会造成公司的浪费……"

我们再想远一点，当你拿着一件半成品准备做的时候，首先想到的是农民辛勤劳动种出优质的棉花，然后纱厂再把棉花纺成纱，织厂再把纱织成布，染厂染布，设计师设计好，印花厂加工，一件衣服不知凝结了多少人辛勤的汗水。而这时候，如果你的责任心不强或者粗心大意，好好的一件衣服成了次品、报废品，这就等于先前所有同仁的努力和劳动成果都被你浪费了，这不仅仅是一件衣服值多少钱的问题。由于一人的失误而造成这么多人、这么多环节、这么大层面的损失，这难道不是缺德吗？

厚德是霞湖世家企业核心价值观之一。这不是一句大话、空话，需要每个霞湖人把它落实到工作中的每一层面。霞湖人的使命之一，就是"为顾客创造价值"，顾客是我们的上帝，为顾客创造出质优物美的产品，并准时交货，这样我们的市场、我们的订单才源源不绝，我们的公司、我们的事业才能永续经营下去。

正是基于这样的认识，2005年，我们举办了一场名为"我们都是一家人"的供应商交流会；2006年，我们又邀请香港商战谋略大师冯两努先生举行了"品质时代，串心管理"的研讨会；从2006年开始，我们又确立了"9+1品质活动日"。举办这些活动，就是希望霞湖内部要明确品质观与道德观的概念，也希望供应商要明确这样的概念。企业供应链上的各个企业，利润不是由他的上下游企业创造的，而是由消费者提供的，正是消费者的消费使供应链上的各个企业有了利益的分配，消费者才是我们共同的客户。所以，供应链上的各个企业要想盈利，你就要拿出最好的产品交给你的下游企业，下游企业更要珍惜上游企业的劳动成果，做好一针一线，否则就对不起消费者。

品质是一个企业生存的根本，优秀的品质要由优秀的员工创造，优秀的员工就要具有良好的道德观。我相信，霞湖人的品质意识是很强的，因为霞湖人是有道德的，过去是，现在是，将来也是。一位员工朋友曾告诉我："用心、用心、再用心，我做出的产品我负责。"我也把这句话送给大家共勉，让每一位员工朋友珍惜共同的劳动果实，保证每一件产品的质量，让公司满意，让消费者满意。

塑造完美员工

批评与自我批评对每个人来说非常重要，在日常工作中，我们强调要有批评与自我批评的精神。但是，一般人都是喜欢批评别人，不喜欢被别人批评，更谈不上自我批评，因此，我们要学会"享受批评"。一个人只有学会"享受批评"，他的品德才会不断地完善，他的境界才会不断地提高。

喜欢听好话，听奉承的话，是人的特点，可以理解。但是如果一味地沉溺于听好话，就有可能翻船。金无足赤，人无完人，每个人都有想不到的地方，都有可能做错事。这就需要虚心地反省和检讨，需要别人指出、提醒，提供改善建议。

但是，很多人就是做不到。有些人看到别人有问题有错误，不提醒不帮助，还幸灾乐祸，甚至兴风作浪、落井下石；有些人对别人的意见和建议当作耳边风，甚至怪别人多管闲事，记恨于心；有些人没有自知之明，认识不到自己的错误和不足，总觉得自己是对的，别人是错的……

一个企业，如果这些人多了，就会带坏整个企业风气，形成弄虚作假、人浮于事的局面，形成问题一大堆、抱怨一大串的局面，形成人人自命清高自以为是、个个当好好先生的局面。这终究会垮了企业，害了个人。

也许有人会说，批评会让人难堪，会中伤他人，不利于团结。其实刚好相反，就像医生帮助病人找出病根一样，你难道说医生是在害你？相反的，我们会感谢医生。同理，我们要感谢批评的人。

主管听不得别人尤其是下面的人给他提意见，这就是道德境界问题。你为什么听不得？因为你本身确实存在问题，你心虚不敢面对，你觉得很没面子，想极力掩藏。这样的态度不仅会伤害你下属的积极性，他们以后恐怕再也不会给你什么建议了。更主要的是害了你自己，害了公司。不把掩盖的问题摆出来等到病入膏肓我们就会出乱子。这就是缺德。

学会享受批评，就是要正视自己，敢于承认错误，敢于承担责任。就是要摆正位置，放低心态，放下架子，放下面子，放下性子。就是在遇到问题的时候，不要找借口找理由，而是想办法解决。《论语》说"吾日三省吾身"，佛学说面壁思过，讲的就是这个意思。如果企业里大家都有这种意识，个人就会不断成长，部门工作就会持续改善，团队的气氛就会非常融洽，企业就会快速地健康成长。这都说明，享受批评是德治霞湖的重要表现。

跳出自己看自己，人是在不断的完善中成长的，企业也是在不断的改善中成长的。完善和改善的过程，就是一个接受批评、自我调整的过程。因此，可以说，"享受批评"的心态，是实现德治霞湖的个人心理基础。

下面，我提出一些问题，暂且叫做"常想想"吧，希望每个人在平时的工作中，经常拿出来想一想，问一问自己：

身居中高职位的人要常想，你的团队为什么没有执行力？为什么没有凝聚力？

身份特殊的人要常想，你是不是经常狐假虎威，拿着鸡毛当令箭？

基层干部与员工要常想，你的观念是不是与公司和主管的要求保持了一致？

新进公司的人要常想，你很快融入了企业吗？

进公司早的人要常想，你心灵深处接纳了新同事吗？你的思维定型了吗？

学历高的人要常想，文凭等于文化吗？文凭等于能力吗？你创造的价值对得起工资吗？

学历不高的人要常想，你的经验能代替文化吗？你在不断学习充电了吗？

准备离开公司的员工要常想，你会带走哪些不该带走的东西吗？

德治霞湖，塑造完美霞湖人，一定能够为企业创造效益。造物先造人，造人就是造完美的人——尽管世界上没有完美的人，我们只有不断发现自己的缺点，不断进行批评与自我批评，并且"享受批评"，才能走向成功！

励精图治，德行天下

"修身、齐家、治国、平天下"是中国古代至理名言。它深刻地揭示了个人修养与人生、家庭、国家和社会事业成败的客观规律。"修身"是前提和基础，修身不够就无法管理好家庭；家庭管理不好，则根本不可能去治理一个国家和社会。古代如此，现代亦然。千百年来，无数仁人志士、功臣名将正是沿着这条"黄金定律"走向了人生和事业的巅峰！

"修身"，当然包括了知识和技能的学习，但在中国古代，它更强调个人品格修养和道德操守。这与东方儒家文化"仁、义、礼、智、信"的思想是一脉相承的；同时，这一观点也正好吻合了21世纪"人的品德是核心影响力"的新潮管理理念。

"坦诚、尊重、妥协"是有关人的品德方面的话题，这正是古人所谓的"修身"内容之一。这一命题既强调了个人品行修为的重要性，又与欧卡曼T恤服饰"儒雅风范"的品牌内涵及霞湖世家所倡导的和谐企业文化达到了某种默契。坦荡诚实是一种自信、一种从容；相互尊重是仁爱之心和礼让之德的体现；妥协是一种高境界、低姿态，更需要智慧和勇气；适者既能生存，也可共创双赢。

"智莫难于知人，痛莫苦于去私，仅知取之为取，莫忘与之为取"，真正的智慧莫过于正确地知人、识人和用人，真正的痛苦莫过于放弃自己的私心俗欲，很多人只知道索取就是取得和收获，却不知道给予才是最大的取得和收获。因此，一个人应该是"不患无位，患所以立；不患莫己知，求为可知也"，即不要担心没有职位，只担心没有任职的本领；不要担心没人了解自己，只担心自己没有真才实学值得人们去了解。"己欲立而立人，己欲达而达人"，自己要成功就得让别人成功，自己要通达就得让别人也通达。试想，如果没有过硬的品德修养，谁能做到这种"共好"的境界？

"性格决定命运，气度决定格局，格局影响发展。"人的一生中，知识、经验和技能很容易习得，但人格品质、道德操守却非一日可成；知识、经验和技能当然会对人的一生产生重要影响，但真正起决定作用和产生深远影响的一定是人的品格和道德。

"道之以政，齐之以刑，民免而无耻；道之以德，齐之以礼，有耻且格。"意思是说，用政治手段来治理人们，用刑罚来整顿人们，人们就只求免于犯罪，而不会有廉耻之心；用道德来治理人们，用礼教来制约人们，人们就不但会有廉耻之心，而且还会约束自己的行为不出格。由此看来，在企业管理中，制度的约束固然必不可少，但道德的教化才是根本。这也就是我为什么强调霞湖一定要重视人的道德教育，推崇"和谐发展，积德经营"的企业价值观的深刻原因。

"励精图治，德行天下！"今天，我们强调"坦诚、尊重、妥协、适者赢"，就是要求霞湖的每个管理者"吾日三省吾身"，加强学习，提高个人品德修养，并由此带动整个企业建立一种坦荡诚实、相互尊重的文化氛围，建立一种合作协商、变革求新的管理机制。如此，我们才能在未来竞争激烈的环境中，谋求更大的生存空间和更多的发展机遇，并实现个人和企业的双赢！

坦诚：一种生命品质

曾有不少人问我："郭总，霞湖世家为什么能在短短几年内有如此快速的发展？"我告诉他们，因为我们光明磊落，实实在在！对这样的回答，大部分人开始是莫名其妙，继而便心领神会并赞叹不已。正是这种坦诚的品质，让我们获得了良好的口碑和社会形象；因为这种口碑和形象，使我们拥有了源源不绝的客户、市场和社会资源。对于一个企业来说，还有什么比这些更重要的呢？

　　企业是这样，做人也如此。坦诚，是做人之本，是修身的第一道德品质，在人的品德结构中居于核心地位。从个人发展的角度来看，坦荡诚实不仅是个人的一种道德情操，也是孕育其他道德品质诸如宽容理解、平等待人、与人为善的基础。

　　记得有一年到佛山一个学校去演讲。这是我人生第一次走上这么重要的讲台，又没有什么准备。但五个多小时下来，感觉很好，对学生们启发很大，演讲很成功。我问同事这次演讲成功的原因，她说："就是你的坦诚感染了所有的听众，结果有100多名优秀学生报名加入霞湖世家（虽然我们要不了那么多）。"有个学生问我为什么在百忙之中来给他们演讲。"我不是为招聘而来，是考验我自己，敢不敢来大学演讲与学习"，我有许许多多让大家可以切实感受到的事实和案例。我不是在演讲，而是敞开心扉与他们进行心与心的沟通和学习——在这世界上，还有什么比真情和坦诚更能让人产生心灵共振的呢？

　　在平日的生活与工作中也处处可见坦诚的影响力量。工作上，坦诚会让你获得同事的信任，而信任则是一个团队稳定和达成共识的基础；生活中，坦诚会让你获得周围人们的欣赏与认同，这种认同和接纳感，就像阳光雨露，是我们生活幸福的品质源泉。总之，坦诚对朋友是一种信任，对家人和同事是一种安全感，也是造福社会的一种保障。

再看我们欧卡曼的品牌定位和霞湖世家的企业文化，其实也是坦诚的另一种表述。"一个成功的男人"不只是指有权有钱，而是一种做人的概念，这种概念就包括了坦诚，坦诚则丰富和拓展了这种概念的内涵和外延。"儒雅风情"则是一种高雅洒脱的气质和品位，这种写意和洒脱就是坦荡诚实的人格化。

霞湖世家内，上至老板下至普通员工，都要求"光明磊落，实实在在"，这是坦诚企业文化对于职员做人的具体要求。至于我们倡导的"五和、四动、三爱我"企业文化理念，这更是一种坦诚企业文化理念的直接表达方式。

那么，一个人如何做到坦诚呢？其实很简单，就是自信、真诚、踏实、从容，说、做、行一致。坦诚乃源于对自己人格的自信和能力的肯定。因为无私，所以坦荡；因为无欲，所以诚实；因为无私无欲，所以具有广阔的胸怀和无限的理解与包容力。

坦诚是一种开放的心态，一种和谐的生活状态。有些人也许有钱，但因为不够诚实，导致众叛亲离，成为孤家寡人；有些人也许有权，但因为不够坦荡，导致疑神疑鬼，惶惶不可终日，这叫做"君子坦荡荡，小人长戚戚"。

坦诚是一种超凡脱俗的从容和自然境界。坦诚的人就像早晨湖面耀眼的粼粼霞光，就像夏天雨后天际的彩虹，就像清澈的溪流、无垠的草原，就像春风、白云，给人以无限的美好和遐想！

没有坦诚，夫妻将变得互不信任，也就不可能相敬如宾；没有坦诚，企业将丧失信誉，也就失去了客户和市场；没有坦诚，社会就不可能建立相应的信用体系，整个社会将处于一种混乱无序的状态。坦诚是家庭和睦、企业发展与社会和谐的基础！

尊重：一种生活态度

"心有他人天地宽"，坦诚的人懂得尊重别人，也容易得到别人的尊重！

中国有很多名言都说到尊重的意义和价值，诸如"换位思考，与人为善""理解至上，善待他人""己所不欲，勿施于人""老吾老，以及人之老；幼吾幼，以及人之幼"等。尊重的概念非常宽广，尊重自己、尊重他人、尊重专业、尊重人才、尊老爱幼、尊师重教等，宽容和尊重是中华民族的美德之一。

但是，现在许多人所谓的尊重却变了味，或者说一边喊着尊重，却一边践踏尊严。在权贵面前，他显得彬彬有礼、相敬有加，一转身面对平民百姓，就飞扬跋扈起来，甚至穷凶极恶；在主管面前，他毕恭毕敬、言听计从，一下去面对普通员工，就大呼小叫、八面威风；在金钱面前，他显得道貌岸然、温文尔雅，一旦有了些微的利益冲突，就翻脸不认人，并极尽算计之能事。这种种表现，都是这个社会趋炎附势、重利轻义的反映。

其实，真正的尊重需要有一颗对世间万物的仁爱之心，需要有一种平等、民主和博爱的胸怀，需要一颗谦卑祥和的心，需要具有对人性和世事正确透彻的了解、欣赏和认同。一个心胸狭小、狂妄自大、品格低下、目光短浅、没有同情心的人不可能真正地尊重他人，也不可能得到他人的尊重。

尊重也不需要着力刻意地去表现，它是在平时点点滴滴的生活与工作中，一个人内心修养的自然流露。它是你对孩子的一句鼓励、一声呵护，是你对爱人的一种欣赏、一种认同，是你对老人的一个电话、一封家书，是你对同事的一个招呼、一个微笑，是你对下属的一声问候、一点意见回馈，是你听别人讲话时的那种认真投入，是你走路期间的主动让道，是你在公共场合的轻声细语……

尊重就这么简单，这么随时随地地散见于生活的各个角落。但知易行难，也正是它太简单平常，所以做起来、坚持起来就不容易。一次在北京，与一个高水平的运动员谈到尊重的话题。开始，他说觉得自己做到了；过了一会儿，他说好像自己还是有些地方做得不够；再过了一会儿，他又说，"哎呀，我发现自己还真的差着呢"。尊重就是这样，你越用心，越发现原来日常生活的言行举止都包含着尊重的意义。我自己是属鸡的，我的个性就像鸡吃食会"咯咯咯"呼唤其他同伴来分享一样，但正如这名运动员讲的一样，其实我们还有很多方面可以做得更好。

因此，尊重不是说出来的，是做出来的，否则就成了假话、谎话甚至骗人的话。我在复旦学习的时候，老师说依据《易经》的概括，这世界分三种人：第一种是想得到、说得到、做得到，并且能总结升华为理论来教育别人、影响别人、感化别人，这是圣人（圣人不一定是高智慧的人）；第二种是想得到、说得到、做得到，但无法将其进行综合归纳升华去影响教育别人，这是贤人；第三种是想得到、说得到，但做不到，这是骗人。当然这里的骗人不是指平时讲的欺骗之意，而是说理论与实践不一致，想的说的与做的不一致。我们强调尊重就是指要落实在行动上，不要整天喊尊重、理解，其实自己一点也不懂得尊重别人、理解别人。

尊重是一种习惯，是需要从家庭到企业和社会各个环节中教育出来的。小时候，爸爸妈妈老催你叫阿姨、叔叔，其实就是从小教育你学会尊重他人。我们霞湖的企业文化是和谐发展、积德经营、人文管理，这传达了我们对员工、家庭、企业、自然和社会的尊重，洋溢着一种浓厚的人文关怀的气息。它要求我们要时时"以律人之心律己，以恕己之心恕人"。当每个人凡事都想"我还有什么更好的办法""我能为你做什么"的时候，我们的企业目标也就指日可待了。

妥协：一种生存智慧

"低姿态就是高境界"，坦诚的人懂得尊重，懂得尊重的人很会妥协！

谈到妥协，很多人会觉得没有面子，认为那是投降，是软弱，是利益的损失。其实不然，妥协是一种境界、一种胸怀、一种方法、一种技巧。现实中，许许多多的损失和困难、烦恼都是由于不会妥协或不能妥协造成的。"退一步海阔天高，让三分风平浪静"，学会妥协，任何时候任何事情，都会让你左右逢源，游刃有余，从容不迫！

安徽桐城有一个六尺巷，其名字即源于一个妥协的故事。那时，清代桐城人张英在京做大学士，张英老家府第与吴宅相邻，吴家盖房欲占张家隙地，双方发生纠纷，告到县衙。张英家人遂驰书京城，张英阅罢，立即批诗寄回，诗曰："一纸书来只为墙，让他三尺又何妨。"家人看到张英的批语，马上让给了吴氏三尺地，而吴氏听说了这件事后，被张英的豁达和宽容所感动，也退让三尺，于是桐城就有了今天的六尺巷。

"大丈夫能屈能伸"，中国历代这样的典故或事例实在太多。越王勾践能卧薪尝胆因而复国，韩信能蒙胯下之辱而成为一代名将，司马迁能受宫刑之苦而写出千古名篇《史记》。有感于此，清代文学家蒲松龄曾写一副对联来勉励自己："有志者事竟成，破釜沉舟，百二秦关终属楚；苦心人天不负，卧薪尝胆，三千越甲可吞吴。"

生活中，鸡毛蒜皮的冲突、麻烦、摩擦更是无处不在，无时不有。感情中矛盾的化解，工作中纠纷的处理，交友中异议的磨合等，无不需要一方或多方的妥协才得以顺利进行。甚至有人提出，"达成共识"早该被"达成妥协"所取代。因为，没有完全的共识，只有逐步的妥协。

妥协的能力对于一个管理者来说更为重要。管理者的工作就是做沟通、做协调，使各项管理资源达到最佳组合。管理者的执行力很多时候就表现在他的沟通能力和妥协能力方面。而沟通与协调，就意味着你必须放下架子、丢掉面子，做出各种协商、让步甚至损失。因此，越是成功的主管，他越知道如何妥协；越知道妥协的人，也就坐得越高。

当然，妥协是需要智慧和勇气的。很多人习惯了高处的风景，无法接受低谷的风光；习惯了鲜花和掌声，无法接受挫折和失败；习惯了维护自己的既得利益，无法接受半点的损失或伤害。因而一个人要能心平气和地让步、退步，实属不易。妥协意味着放弃自己原有的利益、观点、立场、个性等，而且还有可能落得个投降和软弱无能的名声，使自己处于孤立或被动状态。

那么，如何学会妥协呢？妥协是一种气度、一种格局、一种胸怀、一种态度，是为了维护大局、长远利益而采取的一种灵活的战略战术，是一种圆融的沟通技巧和灵活的工作策略。妥协并不是不讲原则、没有立场，也不是一味地牺牲国家、企业或自己的终极利益，或者是放弃自己的人格尊严。什么时候妥协、如何妥协，这需要因时、因人、因事、因情而定。一般来说，在主管面前，部属应该学会妥协；在员工面前，干部要学会忍让；在客户面前，我们要学会妥协；在大是大非面前，细枝末节可以妥协；为了集体，个人要学会妥协；为了长远目标，眼前的利益可以妥协。处理问题，该让步的要让步，该协商的要协商。总之，如果一个人能够做到"把自己当成别人，把别人当成自己，把别人当成别人，把自己当成自己"，妥协也就不会那么为难了。

"海纳百川，有容乃大"，海之所以如此宽广深厚，乃在于它站得比谁都低，江河也好，溪流也罢，管它大小清浊，一概地兼收并蓄。如此，海才拥有永不枯竭的源泉。这可以说就是一种妥协。人也如此，你追求高但姿态低，财富、声名、地位、人脉、掌声、鲜花自然而然就会流向你！

适者赢：一种人生高度

一个人若能做到坦诚、尊重、妥协，其实，他也就等于具备了强势的适应能力，这种人终成赢家！

一亿多年前，地球上最强大的动物是恐龙，但是后来恐龙却灭绝了，因为它不能适应地球环境的变化。同样是那个时候的其他一些生物，比如小小的蟑螂却生存了下来，并且活得好好的，因为这些小生物能随着地球环境的变化不断调整自己的生理特征，从而很好地生存下来。自然界是这样，人及人类社会也如此。适者生存，这是亘古不变的法则！

人是万物之灵，我们的目标当然不能像动物和植物一样，只是为了生存，我们希望生活得更好，希望共创双赢的和谐社会。大家知道，我原来的学历并不高，初中生一个，但我不在乎我目前拥有什么，我只在乎我将成为什么样的人。为此，我时刻激励自己：别人是人，我也是人，我为什么要过得比他们差？我为什么不能有更大的学问、更强的能力、更高的地位、更多的财富？

在多年摸爬滚打的人生历程中，我明白了学习的重要性，明白了改变的重要性，明白了调整自己的重要性。一个人的文凭不能决定什么，但他的学习能力则决定了他生存的能力、竞争的能力和发展的能力。一个人很多时候是无法改变环境的，唯一能够改变的就是你自己。

今天，我不能说我是上流社会的人，但我至少每天与上流社会的人生活在一起。从一穷二白走到今天这个状态，我最大的收获就是学会了如何做人处事，真正懂得了一个人应该如何做到坦诚、尊重、妥协，并能根据环境的变化而变化。这些字眼、这样的道理我相信大家不是第一次听我说，但真正能身体力行的又有几个？所以，一个人不成功不能怪别人，只能怪自己没有刻骨铭心地去领会这些我们已听了千万遍的事理。人生就这么回事，你说简单又不简单，你说容易也不容易。每天将看似简单的事做对做好就是不简单，每天将看似容易的事做对做好就是不容易。

说一个笑话吧，我不爱钱，但我很喜欢赚钱。我认为，爱钱的人赚不到更多的钱，因为老想把钱放在口袋里，一毛不拔，不做任何（人情、风险）投资，怎么能赚大钱？

记得一位教授给我们讲课的时候，就生动地分析了一个人要"赢"的必备条件。"赢"由"亡、口、月、贝、凡"组成。"亡"是说要有危机意识，要有紧迫感；"口"意指要不断沟通协调，就像今天我们讲的要会尊重、妥协；"月"是指时间和岁月的积累，即长期付出的努力；"贝"是宝贝，指必要的资源投入；"凡"是大家、大众的意思，即众人的参与和配合，也可理解为团队协作。

"必有容德乃大，必有忍事乃济"，现在我们都在说要共创双赢，这是一种美好的理想状态，但通向这种理想状态的路却需要我们艰辛的付出与努力。每个人努力的程度和努力的方法最终影响和决定他能否成为赢家。人如企业，企业如人，如今，霞湖世家正处于一个重要的发展关头，是否可以走出目前的瓶颈，走向更为广阔的未来，也得看它能否适应市场环境和管理环境的变化，能否规范内部管理，能否提升职员的综合素质，能否建立物流的"高速公路"和生产上的"快速反应部队"。这就要求每个人特别是每个管理者在平时的管理过程中，做到坦诚、尊重、妥协，与时俱进。霞湖当然不能为了某一个人去改变，但如果因为有了你而发生一些可喜的变化，也就令人欣慰了。

保持行业竞争优势

今天，我们针对问题来说问题。

近年来，我们的质量、交货期及内部管理发现不少问题，特别是交货期。发现问题是好事，它是我们不断完善和提高整个管理绩效的机会。如何把握这个机会？我们就从这些问题入手。深刻认识这些问题背后的规律，确定责任归属，彻底监督执行，保证落实，绩效就前进了一步，整个管理又提高了一个档次。下面先来探讨和解决五个基本问题。

如何稳定与留住员工

做好人文关怀，让员工安居乐业是留住员工的基础。

招纳与留住员工的能力，是一个企业综合竞争力的反映，包括薪资、福利、管理、环境、员工发展等。未来，除了保障员工工资，改善工作时间和工作环境，还要加大员工福利和员工发展的投入。例如：建立三星级的员工餐厅（环境改变人的行为习惯）；建立完善的员工社区管理制度；可以试着从帮助员工子女在本地读书入手，增加员工的自豪感；可以通过员工的发展培训，提高员工的自我成长与职业成长能力；可以通过设立年资之类的办法来留住老员工……有了这些措施，可以解决员工工作、生活与生存的后顾之忧，公司吸引员工的竞争力也就必定强大。

爱护与激励员工，指导员工技能发展，是稳定员工、提高效率的关键。

生产线效率不高，产量做不出，员工不稳定，这是许多组长面临的问题。怎么办？我提出以人均产值、返工率、离职率三项作为组长及车间评比的关键点。这三个指标，抓住了生产线管理的根本，简单而又实质性地解决了这个问题。

这种方法，使50多个组自己与自己比，排名前一半的有奖金，后一半的没有奖金，最后几名的可能被淘汰。组长要想赢，就必须指导好员工的技术，引导好员工的思想，激励员工的团队热情，积极勤奋，公正公平，爱护好每一个员工。对于心态不好、不愿学习、实在跟不上的员工，组长可以想办法招聘到更好的员工来替换。有一个好领导，带着一个好团队，何愁组上的绩效做不出，员工又怎么不愿留下来？

保障产品安全及质量

产品安全是指产品的内在质量，即以产品是否含有对人体有害的物质为验证标准；产品质量是指产品的外在品质，即在生产过程中，因工艺、流程、操作、环境等因素造成的外观、规格、清洁度等问题。

衣服是人的第二皮肤，做服装一定要从始至终把人体安全和健康摆在第一位。这既是企业的社会责任，也是现代消费者的心声。纺织品市场的绿色需求，是人类自身发展的需要，也是国际纺织服装的消费趋势。前些时候，有些服装企业因为产品含有致癌芳香胺等有害化学品，经媒体报道后，马上陷入困境，甚至倒闭了。

任何企业都经不起产品质量的折腾，服饰产品如果含有对人体有害的重金属或甲醛，企业就是死路一条。不讲求产品质量，价廉物美不是优势，而是企业的悲哀。因此，如何适应服饰的绿色环保要求，促进产品升级，提高产品竞争力，是服饰企业面临的重要问题。我们正在投资几百万元建立物料检测中心，就是为了从根本上杜绝服饰的有害物质。

从现在开始，采购部负责对供应商宣传供应健康的物料，不健康的物料杜绝进入霞湖世家，谁引进谁负责；设计师应该宣传印花厂的涂料要符合环保，不能对人体有害；检测部门要负责所有物料的安全检测和把关。

不少质量问题不是物料本身造成的，而是在加工过程中，由于操作不当、机器设备故障和环境不卫生等原因导致的。因此，控制加工过程中各种不利因素的影响，也是解决质量问题的重要手段。

比如：成衣有线头，这是常见的品质问题吧？为什么会有线头？因为员工没有剪干净。为什么没剪干净？因为员工赶产量，忽视质量。为什么会出现只赶产量忽视质量的现象？因为干部对员工的质量要求只是口头上的。为什么干部对员工的质量要求不严？因为干部质量意识不强。为什么我们做了这么多宣传，干部的质量意识还是不强？因为没有把质量责任与干部的效益和工资挂钩。因此，建立质量与干部工资和效益关联的考核制度，就会有效地解决在制造过程中产生的品质问题。这方面的制度由执行总监与生产部副总落实制订，并监督执行过程。

确保数据交接准确

今天接到员工电话，说有的员工将公司的衣服穿在身上带出厂外。这个问题应该不是新问题，为什么现在还没有解决？应该由谁来负起这个责任？

连续问六个为什么，就可以找到问题的根源：公司衣服为什么被盗？因为主管宣传、管理和监督不到位。为什么主管宣传、管理和监督不到位？因为衣服不见了，主管不用承担责任。为什么丢了衣服主管不承担责任？因为公司没有制订数据交接的责任制度。为什么没有制订这样的制度？这个制度两年前就制订了，因为没有人去严格地执行。为什么？我不想问下去了……

对于这种偷盗行为，有些人建议我加强保安检查力度，这当然可以制止一部分偷盗行为，但不是根本解决之道。员工偷衣服，管理者首先要负责任。同时，针对此种偷盗事件，公司将建立相关奖惩制度。

帮助供应商达到我们的要求

在我们的供应链体系中，物料供应商及外协厂是两个很重要的制造伙伴。物料供应商是公司生产制造的源头，外协厂是公司生产部的外部延伸。这两个部分直接决定我们的交货期。

客户对我们有严格的质量及交货期的要求，我们对供应商也有严格的质量及交货期的要求。供应商做不到怎么办？抱怨还是等待？都不行，要求别人把质量做好、准时交货，不如帮助别人把质量做好、把流程理顺。推诿责任，抱怨他人，问题不但得不到解决，还影响相互的合作。

当供应商不能准时交货，且物料品质有问题，我们应该与他们一起借助"六个为什么"等方法，共同找到解决问题的办法：深入供应商进行调查研究，了解他们的生产流程、技术设备、管理细节和存在的难点，然后帮助他们分析、解决实际困难。这不仅从源头上克服了材料的品质问题和交货期问题，而且坚定供应商与我们的合作决心，有利于良好供应链团结气氛的形成，减少了相同问题的重复发生频率。

比如缩水问题。当面料织好，再要求染整厂控制合格的缩水率，这就不太现实。最好的面料是顺定，保持最佳缩水率。这个时候，克重与幅度要符合我们的要求，只能从织布上调整纱支与密度；而布已经织好，保缩水率就不能保克重与幅度。强制染整做到合格的布，只是自己骗自己，做的衣服必定是越做越长。这个问题，前几年做得很好，现在过分的要求反而变味了。

外包工厂这个环节，也不是很顺利，现在问题更突出。它作为整个生产线的外部延伸，没有起到应有的产能缓解作用。

大家抱怨好的加工厂难找。我就不相信这么大的中山市场，没有好的加工厂。我还听说，有不少加工厂在找单做，但一听到霞湖世家内部的某些管理，就不敢与我们合作了。

这说明，我们的方法有问题，我们的姿态有问题，我们的管理也有问题。如果我们本着帮助加工厂规范、完善和共同盈利的心态，怎么会找不到加工厂？

因此，外协厂长要选择好加工厂，然后扶持并辅导他们做好内部管理；物流经理负责热情接待及进行快速的物料交接，并保证数据的准确。

加大研发力量，保持行业竞争优势

我当选为广东省服装行业协会的副会长后，提出了建立T恤专业委员会的建议。未来，我可以借助商会，整合外部与行业资源，为公司发展营造良好的外部发展环境。一个企业，如果不是行业的前三名，就没有竞争力。这也符合我们的企业愿景："全国T恤领先企业、全球T恤第一。"

保持行业领先地位，要有强大的研发能力。我们要建立行业最大最强的T恤设计和开发团队；设立行业最高档次最大规模的T恤展览厅和陈列室；还要打破传统的季节性设计惯例，提出"365"设计理念，即一年四季全天候设计，以随时满足客户的需求。这些措施，既可以保证我们在行业里的技术领先优势，也在一定程度上缓解了生产过度集中的状况。

每到生产旺季，就像打仗，一片混乱。为了产量，什么都得让开，这就打乱了正常的管理秩序，可以说是许多问题发生的根源所在，是问题背后的问题。

要从根本上解决这个问题，涉及我们整个生产模式的调整与改变，这可能需要比较长的时间，但体制改革，势在必行。具体来说，主要有以下三个方面：一是整合外部资源，建立完善的供应链体系；二是加大内部流程的改造，真正的精益生产我们还做得不够，特别是物流部与生产部的精益改造；三是如上面所说的，进行全天候设计。

在我们的经营管理中，当然还有其他许多问题。整个经营管理的过程，其实也是一个不断发现问题和解决问题的过程。问题意识及问题的预防、发现与解决能力，是衡量一个干部能力的重要指标。

很多管理部门是服务性质的单位，职责本来是为员工服务，营造和谐的管理环境。如果唯我独尊，自以为什么都懂，整天拿着放大镜找别人的缺点，指责、抱怨甚至有意设置障碍，怎么得到别人的尊重？一个不会协调和沟通、没有服务意识的主管，其对整个管理造成的潜在的负面影响，远远大于他所做的工作！

主管要懂得发现部属的优点，多鼓励，少批评，把人用在合适位置上。放对地方就是天才，专业的人做专业的事，人的潜能才会不断扩大，工作热情就会持续高涨。一味强势的主管不一定是好主管，不讲道理的强势管理更是糟糕透顶。真正优秀的主管是协调人而不是控制者，其职责是思想领导、资源配置、提供平台、管理放开。

几年来，我们的制度不断增多、管理不断改善。管理创新是企业发展的驱动力，无法调动广大员工的创新热情，管理就会僵化，企业就没有活力。看看我们现在的某些管理，大多是"控和堵"，而不是"疏和导"，部门间的距离在拉大。某些制度的不合理性日渐明显，个人的性格就是原则，一句命令成了制度，每个人看着都很好，组合成一个团队就不理想……这是一种潜藏的长期的暗伤。

大禹治水的故事大家一定听过。4000多年前，面对滔滔江水，禹的父亲鲧采取修筑堤坝围堵洪水的办法，结果毫无成效。他接受治水任务后，吸取父亲的教训，总结水流运动规律，利用水往低处流的自然流势，改变单纯筑堤堵水的办法，采用疏导的策略，经过十多年的艰苦努力，终于制服了洪水，化水害为水利，保障了人民的安居乐业。

执行总监应该按照总经理的思路与战略方向去执行，也要学会采取"疏和导"的方式进行管理。所谓疏，就是依据事物发展的规律，从源头疏理公司的流程和管理；所谓导，就是依据公司现有的流程和管理制度，寻找和提供

正确的做事方式方法。善于疏导，就能激发各部门的创新
思维和工作潜力，调动员工的工作热情，最终做到人尽其
才，物尽其用，事事有人做，人人有事做，这就是解决问
题的根本之道。

企业的社会责任

近年来，企业社会责任越来越受到人们的关注，不少企业也把履行社会责任的能力作为自己企业的品牌形象来经营。党和国家也希望企业家关注并履行社会责任，为和谐社会做出贡献，那么，企业应该如何担负起自己的社会责任呢？下面我谈谈个人的一些看法，供大家参考。

要合法经营企业

企业有从小到大的过程。小企业做事，大企业做人；小企业做生意，大企业做事业。做事、做生意容易，做人、做事业就难一点。这方面，我个人深有同感。钱少时没有压力，钱多了压力更大。人的生命时间有限，我很清楚我的人生需要多少钱，也很容易算出来。钱是社会物资的代换券，一个企业拥有社会物资多了，必然要对这些社会物资负责任。所以，要负起企业的社会责任，我认为首先企业家对自己拥有的社会物资要负起重大的责任。"我的企业不赚钱，是我缺德，是我对不起所有霞湖人，浪费了所有霞湖人的劳动果实……"这句话是我的企业还只有1000个员工的时候说的。现在，企业拥有数千名员工，产值和利润也不断提高，我就为能够给社会创造更多的财富而自豪，感觉真正尽到了企业公民的责任。

要把普通员工培育成好员工

好员工是指讲文明、有道德、有技术的员工。我是农村出来的，乡下人对社会公德、文明的认识与城市不一样，至少以前是这样。当一个农民进城打工不讲文明时，我认为不能说他不讲文明，可以说他"文不明"，需要培养、教育。企业有义务把"文不明"的员工教育、培养成懂文明并且有技术的好员工，这是霞湖T恤管理学院的重要工作。

我之所以把企业内部的培训机构命名为"学院"，并且在学院门口上写"为己而学"对联——"胜人者必先胜己，成事者必先自信"，是希望员工从"要我学"转变为"我要学"。每个月的企业报，每个季度的企业杂志《天地霞湖》等，包括我写文章的理由（我这几年在这方面花的时间最多），都是为了把员工培育好。企业培养好一个员工，就是为社会培养好一个公民，就能够让中华民族的文明之花遍地盛开。

要为员工幸福着想

员工的幸福是企业社会责任的重要体现。我们霞湖有"五和""四动""三爱我",其中"三爱我"是爱我自己、爱我家庭、爱我霞湖。我提倡员工爱自己最重要,其次爱家庭,这样才有爱霞湖的资格。为了员工的健康,我们将厂内唯一的空地不做广场形象而做体育场。我怕员工不运动,还特意写了"健康第一,运动吧"几个字在墙上。我们还成立了霞湖员工基金会,员工家庭有重大灾难时能提供部分帮助。在我的文章里,在开会时候,我经常讲怎样爱家,怎样经营家庭,讲夫妻白头偕老、教育儿女的正确方法等,这些都可以看到我的用心。当然,为了员工,我也在不断地修炼自己,提高自己对各方面的要求,因此,我也要感谢我的员工,并送上衷心的祝福:"天上最美丽的霞光和地上最美丽的湖景伴随着员工们一生幸福!"人人健康、家庭和睦、社会和谐,企业的发展就有更好的资源,国家的发展就有更好的基础。

员工身体健康了,意识提高了,经营家庭的方法、心态好了,教育下一代有正确的方法了,那么,我们几千名员工,就可能有几千对夫妻是白头偕老的,也可能有几千家的儿女受到父母的正确教育。

我们不会停止这方面的努力，我们会继续承担起这些社会责任。希望社会监督我们，员工相信我们：将来不管你们到哪里去，只要是霞湖人，一定是社会的好公民。

要对社会和谐、文明进步负责任

有人一提到企业社会责任，就说我已经为就业做贡献了，为国家税收贡献了多少多少！尽管这些企业负了责任，但国家给了你安定的环境、充足的社会资源，因此，企业承担这些社会责任是应该的，就好像一个人必然要工作一样，不足为奇。今天，霞湖如果散伙了，三天不到，霞湖人都会到其他企业上班，因为我们附近家家企业都有挂红布招工呢！税收也是，不纳税你的产品送不出去……

我要谈的是企业对社会的文明发展负责任。

霞湖对产品的质量非常注重，特别是产品对人体的健康问题。我们成立了产品检测中心，不合格的成品绝对不能入厂门。在电视上看到质量安全的节目，看一次，我就心痛一次，对社会环境不保护好，我们以后生活在哪里呢？吃什么喝什么才放心？希望能引起天下所有的企业家的共鸣。

再谈对社会和谐发展负责任。霞湖非常感谢社会各界领导对我们的关心和厚爱，党和政府给予我们安定的环境，我们才有机会对社会负点责任。"没有共产党，就没有霞湖世家。"这句话是我与新华社的朋友在交流党支部的时候说的，他说"太虚了"，我说这是很实在的一句话，"如果我们霞湖世家是在伊拉克，我们就不会有今天的发展了……"这时，他才觉得这真不是一句虚话。共产党为我们创造了和平发展的环境，共产党让中国在世界越来越有地位，我们作为企业家才能够安心经营，因此我们更应该为和谐社会建设发挥自己的作用。

有一次吃饭，我和一个做水果生意的老板交流时，他语气中表露出对社会的不满，我就告诉他："我有位友人是党员干部，对我说了两句话，我把它送给你：要让你的眼睛美丽一点，就多看到别人的优点；要让你的嘴巴美丽点，就多说别人的好话；要让你的身材苗条点，就将好食物多让给别人吃。还有一句：从我做起，我对你好，你才会对我好；我对你不好，你就不会对我好；我对你好，而你对我不好，我早应该不对你好！"那老板听了，很有感触。

我写了多篇"和"的文章，人和，环境和，社会就和谐。在这些方面我自己也在不断地努力做好，还有很多没做好的地方，我们霞湖人会一起努力做好。对企业社会责任可能还有很多企业做得更好，我将这些写出来，是希望社会各界人士多加指导。

你是就业还是创业

公司的基层管理人员90%以上是20多岁的年轻人，绝大部分都是刚走上工作岗位。在一年半载的时间内，对于选择什么样的工作岗位、在哪个公司做事、为怎样的老板做事、自己到底要在哪个行业中立足等，都处于不明确或不确定的状态。有些人稍有不如意就轻易跳槽，或是经不起一些小小的诱惑，轻易就放弃了原本很有发展前途的公司或工作，这是不成熟的表现。出现这样的情况，是因为有些人特别是刚刚走上社会的大学生，还不懂得就业与创业的关系，还不懂得这两种不同的选择会导致两种完全不同的人生结果。今天，我用我的方式来分析什么是就业、什么是创业。

就业心态，不利于职业价值提升

就业，就是临时找一份工作，能有一份养家糊口的工资，不管这工作有没有前途，每个月就是计较点工资，这实际上是把就业理解成"将就着"找一份职业。来霞湖工作的人，有的也有这种就业的心态。这种心态不能说是错的，但因为太计较眼前的得失，严重地影响了自身综合素质的提高，因而难以进步。

刚走上社会开始工作的人，都会面临择业、就业、创业这三个阶段。当你决定进入一家公司，选择是第一阶段，你可以先对这个企业做些调查，包括上网查看，或者向这个企业的员工了解情况等；也可以先进去体验一段时间，当你觉得这个公司不行，就尽快走人。

在就业后可能会出现这样的情况：如果另一家公司多给500元钱工资，他就会投靠那家公司。对于公司来讲，如果有人出高工资挖某一个人，这个人要走，明明知道他是人才，公司也只能放弃。因为公司不能因为你一棵"树木"而放弃整个"森林"的规章制度。

出现这样两难的问题，我只能放弃你。作为这个公司的总裁来说，我也是蛮心痛的，大家这么有缘，相处这么融洽，仅仅因为500元钱就离开了。这种就业的心态是非常不好的。我这么一讲，大家就要好好地想想：今天，靠出卖劳动力换取一笔金钱，这种交易你可能要做一辈子，但能靠这样的交易成为百万富翁的简直是不可能的。因为就业只能让你吃饱而已，很难再有提升。

创业心态，让你锁定目标

对于年轻人，我真诚地想告诉大家：家里的经济情况允许你3000元钱在霞湖工作的话，那别的公司出3500元你就不要走了——如果你想在此创业的话。

难道霞湖会让每个人成为百万富翁、亿万富翁？当然不是，有多少老板可以成为李嘉诚？但也不是完全没有这样的机会，只要你抱着创业的心态和精神。虽然目前人在霞湖工作，将来创业可能不在霞湖，10年、20年之后你可能就是亿万富翁群体中的一员！

比如我吧，当初我做梦都没有想过我会有今天。年轻人也一样，你们现在不要有什么富翁的念头，你就抱着创业的精神，踏踏实实地干，不要太在乎眼前的利益。就业可能是往"钱"看，谁给的钱多就给谁干活。但我们更要往"前"看，前面的"前"，不断向"前"看，才能向"钱"靠，这就是创业的心态。

在霞湖，有许多企业文化可以帮助年轻人提高做人的修养，有很多人值得我们学习，也有很多部门可以充实我们的人生。每个人要把眼光放长远一点，要考虑做这一份工作的目的。今天我想去做车间主管文员，为什么我想做一个主管文员呢？因为要为将来做车间主管做准备；做了主管的时候，就要为做厂长做准备；做了厂长的时候，就要为将来管理一个工厂做准备；当管理了一个厂的时候，我就要想为将来管理10个厂做准备……就是说，你在做任何一件事情的时候，都是为了一个目的，这目的不一定与钱有关系，钱只要能保障我的基本生活所需就可以了。只要你抱着这样的心态，相信每一个公司都会给你机会，随着机会的增多，你想要的都会在不知不觉中实现。

可见，创业与就业是两种完全不同的概念。当你抱着创业的心态面对工作时，你会锁定目标，不会在乎过程中有任何困难。

创业心态，让你胸怀无限宽广

2004年，一个有5年工龄的本科生来公司找工作，我看了他的简历：大学毕业6年，我们公司已是他所找的第6家企业了，也就是说他一年换一个工作，而他要求的薪资是1800元。我问他，他是有5年工龄的本科生，怎么工资要求才1800元？他说现在工作不好找。最后他进了我们公司，但做了一个月后他又要走了。问他为什么要走，他说身边的同事怎么怎么不好。我就说，他能不能用一种好的心态把这些同事包容起来，把自己的事业定下来，但他没听我的，最后还是走了。

其实，一个人好不容易选中一家公司，也比较满意这个公司老板的作风和公司的文化氛围，虽然在工作中多多少少会有不满意的同事与主管，但这跟公司没有很大关系。你为什么要离这个公司而去呢？当你离开这家公司，你又能保证第二家公司的主管与同事能合你的意吗？你与同事合不来，主管不认可你的原因在哪里？你有没有想过？

世上无难事，只怕有心人。身边的同事你认为不好，你就要包容他们。假如你到了一个部门，这个部门有10个人，主管对9个都不好，你会不会想"但我一定要让主管对我好"？

当年我刚来沙溪的时候，人家说沙溪人排外。我说，只要沙溪留住一个外地人，那个人一定是我。做事情首先要搞清楚自己的位置。记得有次过节的时候，我想去友人家里拜访，找遍了家里的厨房、冰箱，也没有什么可送的。我老婆就开玩笑地跟我说，好东西你都拿走了……

创业心态，让你学会影响他人

有一天晚上，我们一家人到大排档吃饭，有个员工发短信给我："郭总，二车间主管的文员太霸道了，不讲道理，明明是风吹过来的垃圾硬说是我丢的，要罚我的款……"

我回信说："她没错啊，门前三包嘛！"

他回复说："那她也太霸道了！"

我问他："她为什么这么霸道？"

他说："郭总，如果你被冤枉了你怎么样？"

我说："我会把地上垃圾捡干净，他就不会再冤枉我了。"

他说："噢，我现在才知道'官'字为什么两个口了。"

我说："如果你是一个很好的人，你说的好人一定是好人；如果你不是一个好人，你说的好人肯定是坏人。"

后来，我开始正面教育他了。

虽然当时我没在现场，但我可以想象他们两个当时的情景。这可能是双方态度的问题。如果这位员工被查到时赶快说："对不起，我没看见，下次不会这样了。"我想二车间的文员一定不会罚他。

第二天，这位员工还在给我发短信。最后，他还是被我感化了。我就是抱着这种心态，通过这些短信，对这些员工进行引导。

我们和别人能不能合得来，就看你抱着怎样的心态跟人家互动交流。只要你有点耐心，就没有爬不过的火焰山。为什么我会这么有耐心？因为我在创业。我总觉得遇到这事我要把它摆平。我不能对这个员工说，你很糟糕，你走人。因为我们企业还有那么多素养需要提升的员工，我都让他们走，我到哪里找员工？我们的企业文化很平实、很朴素，员工一看就懂，我们就是要这样苦口婆心地去引导员工，只要有时间，我就会把一些思想有问题的员工感化过来，感化一个，就多一个好员工。这就和创业的心态有关系。如果你用一种创业的心态面对这些事，那你就会认为这是一件事，你就会想办法把它解决掉，在这些点点滴滴的小事中锻炼自己。如果你以就业的心态看待这件事，你就会认为这是一个麻烦，就会生气、抱怨。所以，我们要记住一句话：合理的是锻炼，不合理的就是磨炼。抱着创业的心态，你会包容很多事，把不愿意做的事做好，把困难事、麻烦事变成好事。同时，做事不能用性格做事，要用心做事，"为了我的梦想，为了我创业，我会放低我的姿态，我就会收获很多"。

创业心态，创造双赢的未来

企业与员工的关系是互利的，你就业、创业在这里都是一样，都是互利的。我3000元钱请你，你一两个月后没创下3000元的价值，会让我亏本。亏也只亏一时，不能亏得太久，对我没利益，我不会要你；对你没利益，你也不会要我。互利才会互赢，这是很现实的。

　　做企业有三个阶段：一个是创业阶段，一个是创新阶段，一个是创牌阶段。现在我们公司正在进入创新阶段，制度要完善，人才队伍要打造，这是我们目前要做的。我们人才资源部要储备一些人才，我们的新工厂，我们未来的发展都需要很多人才。在培养一个人的时候，公司会首先观察他是否把事业定在了霞湖。

　　将来我们要成为集团化公司，最终的目的是上市，上市后公司必须要有一定的股份是员工的，否则，上市的资格都没有。那这些机会公司会给谁？分给那些把霞湖当成事业来做的人，分给那些有创业精神的人。同时，上市了我就不能再做总经理，只能聘那些有能力的人来做，我做总裁再做10年、20年之后也不能做了，因为我们最终要成为一家做品牌的企业，每一个阶层都要任用精力最充沛、最有能力的管理者，原来家族化企业中许多身在高位的人就要陆续退下来。所以我在一开始创业时就说过，下一代霞湖世家的总裁不一定姓郭，尽管是百里挑一、千里挑一，但每个人都会有这样一个机会。就算没有这个机会，你在这里学到了创业的精神、包容的精神、管理的知识，对你都有好处。有人说我是一个人才，留在家族式企业没前途……我想，是金子在哪里都会发光。

　　今天和大家做这个交流非常重要，希望大家能有个选择，你是要做一个就业的人，还是要做一个创业的人，由你决定。也希望这番话能给大家帮助。当自己做好选择的时候就要坚持，要有主人翁的精神。这是为了你自己好。当你成长起来了，未来一个个分公司需要人才的时候你的机会就来了。特别是一些大专毕业的朋友，一定要用理性去规划你们的工作，去学习、参照，每一个人要从不懂到懂，要从人家不尊敬你到尊敬你，慢慢成为一个管理型的人，去开创你人生的事业。

第四章
家庭、企业共成长

如何经营"白头偕老"

白头偕老需知足常乐

"家"字，原意是宝盖头下一头猪，代表拥有财富和幸福。有家就有宝，没有家像一根草。

这些年，我一直过着幸福的生活，我要感谢我的家人给了我一个安全幸福的避风港。追求幸福是人的天性，在这里，我与大家分享一下我个人的家庭幸福观，并祝愿大家一生幸福。

一个家庭通常的结构是三至四代同堂。年轻的夫妇则是这种家庭的主轴。因此，年轻夫妇能否相互诚信、恩爱，并白头偕老，不仅是夫妻双方的事，而且影响到整个家庭每个人的幸福。

我懂事后就没有了爷爷奶奶，对他们的记忆基本是一片空白。对父母，我提倡孝爱而不是孝顺。孝爱是感激父母给予了我们生命。如果一味顺着父母，则可能会一代不如一代，这也非父母所愿，这不是失去了更大的幸福吗？

对于如何处理夫妻情感就更有学问了。这方面可不能顺其自然，要用智慧来经营。首先，要知足者常乐。夫妻，从没有到有，是一种快乐；钱财，从没有到有，是一种快乐；工作，从不会做到懂得做，是一种快乐；知识，从不明白到明白，是一种快乐……任何事物都要知道满足、珍惜，自然就会快乐幸福。那么多人闹离婚，我认为"不知足"是最重要的原因之一。在多年的婚姻里，我从来没有过"离"的念头，可能就是因为我们太容易满足了。

其次，要努力做一对"诚信夫妻"而不是所谓的"恩爱夫妻"。在一次与老婆不经意的聊天过程中，我领悟了爱与情的意义区别，进而明白了为什么要做诚信夫妻而不是恩爱夫妻。

有一天，我问老婆："爱一个人，就希望他永远幸福快乐，对吗？"

"当然！"

"你爱我吗？"

"还用说吗！"

"那我现在想有一个美女陪我，我才快乐，行吗？"

老婆就拍我："想得美！"

"哈哈，你不爱我……"

"你呢？不是一样不爱我！"老婆反问。

对啊，我们这才发现，结婚多年，还是生活在"你不爱我，我不爱你""你想占有我，我想占有你"的情境下，占有是最幸福的！

什么是真爱？当你爱你的父母、儿女的时候，你会怎么做？为了他们，你可以连生命都付出。这就是真正的爱——无私的奉献。结婚前，你女朋友喜欢听"我爱你"，为什么？因为你女朋友喜欢听"我无私奉献于你"；结婚后，你很少说"我爱你"，可能你不再想无私地奉献于她。

爱情爱情，有爱就有情。为什么情会跟在爱的后面？因为爱是基础，情是幸福的象征。有人说追求"婚姻和谐"，我认为这太没有思想了。难道说婚前相爱的时候不和谐，婚后才能追求和谐吗？不是！婚后是为了完整地占有对方，这才感到幸福！因此，情就是自私的占有！

爱情，双方先有爱，先有无私的奉献，才相互依托，产生感情，有了感情，就相互要求自私的占有，所以，爱情是矛盾的统一体。相爱的时候，什么都可以奉献；有感情的时候，又什么都想占有：身体、思想、财产……所谓左手摸右手没有感觉，但是左手被蚊子叮时，必定是右手去打蚊子，为什么？因为，右手认为，左手是属于它的。所以，我经常开玩笑对结了婚的朋友说，有异性爱你是好事，但不能让他对你有感情……

白头偕老需宽容之心

夫妻几十年，总会有磕磕碰碰的时候，有时还会出现情感危机。因此，两个人要白头偕老，夫妻双方还要以包容的心接纳对方的缺点，以过人的智慧处理一些突发的情感危机。记忆中，我曾成功劝阻了四对要离婚的夫妻。现分享一下其中的一个例子：

多年前的一天，身边的人告诉我，他有个朋友在闹离婚，因为她丈夫嫖娼被公安扫黄队关押了。这对任何一个女人来说，都是晴天霹雳，更何况她那么年轻漂亮，结婚也不久。

虽然她不是我的好友，但我很同情她，特去与她交流。我希望能帮助她，虽然我也没有抱多大希望。见面时，她哭闹着一个劲地对我说要与老公离婚，并说要让他出来后一无所有、痛不欲生……

我耐心地等她哭诉完毕，就问她：

"你认为我这个男人怎么样？"

"当然好啦。"

"你相信我一辈子对我太太都不会出轨吗？"

她没有想到我会这么问，一下子不知道如何回答。

通过一番对话，她终于认可了她老公本来就是一个好男人、一个好老公，只是这次他不讲诚信，出轨了。

"你一辈子拥有一个好老公、好家庭的机会来了！"我肯定地说。

她不明白："为什么？"

"如果你离开他，你敢保证可以找到一个永远对你不出轨的好老公吗？"

她不说话了。

"但是，如果现在你去改变他以后永远不再对你出轨，太容易了。这次就是最好的机会。"

她坚定地说："绝不可能，我做不到，我一定要让他……"

我站起来走了。

几分钟后，她打电话给我："我应该怎么做？"

哈哈，她中招了！我又回到我们谈话的地方，并告诉她："你是他最亲的人，任何人倒霉的时候，最需要的是亲人的理解、支持与帮助。你试着这样想：这次是他最倒霉的时候，最需要你帮助的时候……"

她默认了。

我接着说："当然，你也不能轻易放过他，要好好收拾他一下。"

她来劲了："怎么收拾？"

"你马上到水果店买点水果，带上他平时最喜欢吃的去看他。"

"这也叫收拾？"

"对！这比拿棍子去好多了。棍子打他会很舒服，打了后，他就不会觉得对不起你了。但是，你这样去'收拾'他，他会内疚一辈子，永远欠你的。这样，你就赢得了他的心……"

我非常佩服她，因为她真的做到了。为此，我曾问过自己，尽管我懂得去劝她，但如果这事发生在我身上，我会像她一样勇敢吗？在此，我非常感谢她对我的信任。

今天，他们过得很幸福。她也越来越漂亮了，这证明她拥有了一个好老公，我们共同祝福他们白头偕老。她或许会看到这篇文章，我在这里告诉她：所有人为你的决定而骄傲。

从古至今，每一个人都可能会有被身体的欲望所支配而容易出轨的时候，老子说："吾所以有大患者，为吾有身，及吾无身，吾有何患？"圣贤所说的是尊卑宠辱都是因为我们有身躯的存在，我们之所以有各种欲望也正因为有身躯的存在。理解了人性的弱点，我们发现，漂亮的妻子背后一定有一个好老公，成功的男人背后一定有一个委屈的女人。

白头偕老需智慧经营

白头偕老虽然不是一件容易的事，但懂得智慧经营，幸福一样天天伴随着你。认识一个人靠机缘，了解一个人靠智慧，和一个人白头到老，就要靠包容和自我改善。两个人在一起过日子就像两只刺猬，隔得太远，很冷；隔得太近，就扎得双方都疼。只有把相互的刺拔掉一半，挨到一起，才会不冷也不疼。女人如此，男人也一样。

女人的情感大多是弱势的，她们对一个男人的认同通常建立在敬仰与崇拜基础上，所以，男人不要让老婆看不起。我经常说这句话："老婆看不起你，幸福就没有了！"有一次，我用一刻钟的时间交流，改变了一个亲戚工作不认真、爱赌博的习惯。其中一句话是这样说的："你太太来公司半年了，已经当上主管了，她表现非常出色，公司现在又准备升她为经理。你来五年了，还做不到一个部门的主管，还有那么多坏习惯。你跟别人比，可能没有感觉，但是跟你太太比，你感觉如何？最危险的婚姻是女强男弱，婚姻破裂的因素通常是女的看不起男的，你好好考虑，将打牌的时间改为学习看书，尽力做好自己的工作。只要尽力了，尽管你没有超过她，她一样会尊重你……"几天后，他太太发了一个信息感谢我，说她老公反思了很多，现在正全面努力改变着……

可见，男女双方都要为对方考虑，男的要自强，做一个"OK男人"；女的要自信。这样，男强女靓，事业成功，婚姻与家庭幸福，一定可以白头偕老！

对于我的观点，你可以有不同看法，但我相信，这是现实社会情感现象的真实反映，只是很多学者不敢写、不敢说而已。我希望这篇文章能给所有结婚的朋友及同事们一点启迪与思索，祝愿每一对夫妻家庭幸福、白头偕老。

我的儿女在自然中成长

那天下午，我与几位朋友在喝茶。女儿的生活老师胡老师打电话来，要我写一篇文章，分享一下我是如何管教好自己女儿的。我女儿是学校的"名人"，可能各方面的表现都令老师满意吧。

我是怎样管教我的女儿呢？我放下电话不断地问自己。其实，对于这些问题，之前我并没有仔细思考，自己的管教是不是很妥当，也不太清楚……

可能大家认为我在卖关子，故作谦虚，不是的，我提笔时还在想：我是一个合格的父亲吗？今天，老师叫我写文章，或许她认可我对女儿的管教方式，希望我做些分享吧。在此，我感谢胡老师对我的认可，也感谢女儿的表现给了我这个骄傲。

孩子是国家的未来，孩子的教育是社会的大事情。望子成龙，望女成凤，每个父母也都希望自己的子女健康成长、有所作为。那么，如何管教好孩子呢？许多资料、书籍都有专门研究，提出了许多好的方法，不同的家长也一定会有自己的一些经验。今天，我谈谈自己管教儿女的一些方式，与大家共享，也请大家给予指点。

讲讲我的女儿

说"管教"，可能有些人会认为太严肃，现在的孩子这么金贵，怎么好"管教"？很多人爱子心切，要么采取"棍棒政策"，严厉有余，宽松不足；要么实行"放纵主义"，放在掌里怕掉了，含在嘴里怕化了，娇生惯养。结果，教出的孩子不是不能自立，就是太过"自立"。青年问题也由此成为社会普遍关注和担心的问题。这其实首先就是我们做父母的不懂管教好自己的孩子造成的。

"千军易管，一子难教"，不少在事业上领军挂帅、呼风唤雨、功成名就的人，对于管教自己的孩子却是束手无策、一败涂地。这是因为他们太爱自己的孩子，感情用事，没有将管理自己事业上的有效方法和对策用到孩子的管教上来。

其实，孩子是一定要"管教"的。"管"包含两点：一要爱护与关心，二要负责和监督。"教"是指导、引导之意，包括文化引导、语言引导和行为引导。综合来说，就是要宽严有度，教导有方，激励为主，善于引导。千军之所以易控，是因为你既关心爱护有加，又负责监督到位；一子之所以难教，可能是你只懂得爱护与关心，不懂负责与监督……

"我是被爸爸夸大的",这是我女儿作文上的一句话。她还说:"爸爸是没有尽头的阶梯,引导我不断地往上爬。"看到她这些童真的话语,大家也许可以从中知道我是如何管教她的了。

真心表扬她的每一个优点是我的习惯。在众人面前夸奖她(不管她在与不在),发现她的爱好,包括她喜欢吃的,我都会及时记得满足她。

父母千万不要哄骗孩子,做不到的千万不要承诺,应该向他们道歉的就要道歉。其实,这就是在教育孩子做人要讲信用。我经常找机会跟她分享做好人的意义、感想,告诉她帮助别人的乐趣,引导她做一些具有公德意义的事情。

我将儿子送到双鑫(学校的简称)学校读寄宿,而女儿则因为小,路途又远,本无打算让她读寄宿。特别是她妈妈舍不得女儿在校寄宿。我与田校长交流提起这件事,他说:"别把你女儿当作宠物,这对她是极不负责任的。"这句话启发了我,所以我们决定让女儿也送进双鑫寄宿读小学一年级。

记得第一次带女儿去双鑫学校报到,路上,我对她说:"宝贝,爸爸希望你在新学校要做到这几件事情:第一,你的普通话标准,一定要帮助其他普通话讲得不是很好的小朋友纠正；第二，你要乐于帮助别人，老师做事时你能帮就要帮，而且要比别人快；第三，有好吃的要分给其他的小朋友一起吃，小朋友哭的时候，你要去劝他，安慰他；第四，上课的时候，回答问题要主动，要比别人快点举手。"女儿不以为然地问我为什么。我告诉她："等你做了，我再告诉你为什么。""哦……"

两个星期后的周末，女儿回来就问我一个问题："爸爸，班长大还是学习委员大？"

我心中暗乐："正班长还是副班长？"

"正班长。"

"当然正班长大。"

"那为什么我们班上的××说他比我大？他只是学习委员，我还是班长。"

哈哈！我女儿又是班长了（她在幼儿园就是班长）。"我就知道你一定会当班长的。"

"为什么？"她不解地问。

"因为你是最棒的！"

她当然不知道这其中的道理，但她可能因为按我上面说的几点要求去做了，老师、同学看在眼里，班长的"交椅"自然非她莫属了。教育孩子就是这样，你告诉他们要做什么样的人，还不如引导他们做一些具体的事。一件一件的事做到了，做好了，孩子自然会成长为你想培养的那种人。

当了班长，因为"事务繁多"，女儿会有不愉快的时候。有一次，她回来对我说："爸爸，我不想当班长了。""为什么？""××不可理喻，怎么说也不听话。""我教你，在批评帮助别人的时候，先表扬他的优点。例如，××，你的字写得很好，我很喜欢。如果我的字像你这样，那就好了。不过，我对你有个意见，你上课的时候爱讲话，影响老师上课，影响同学学习，他们会不高兴的。"

还有一次，有些小朋友说她是"三八"。女儿回来就又问我："爸爸，为什么有些小朋友叫我'三八'？""因为你是班长嘛！"我笑了笑。

这时候，我真有点担心她可能"太好强"（我不是很想她将来成为"女强人"），于是开始让她学习钢琴，想渐渐地培养她文静、优雅、含蓄的气质，尽管她不是很喜欢钢琴，现在也弹到了三级。每次听她弹钢琴，我都夸她弹得好，弹得很好听，我会引导她弹到九级。

在家里，我不喜欢问女儿的作业有没有做好、成绩如何。因为她是班长，她应该知道怎么做，老师、同学都看着她，这也是无形的压力。因此，我不想给她太多的压力，只要她在家快乐就行。

"故事大王"的称号，我女儿当之无愧。我在家教导她读课文用讲的方式来表达，慢慢地，她的演讲能力不断提高。现在，她是学校广播室的新闻播音员。

讲讲我的儿子

哈哈！写到这里，忽然想起，怎么把她妈妈给忘记了。她妈妈比我更爱护女儿和儿子。对女儿和儿子的管教，她妈妈总是与我配合得天衣无缝。

要管教好小孩子，做父母的还得管好自己。父母的日常行为、生活习惯是教育孩子最好的准则。我冬天通常都是星期天的早晨游泳（因为这时候，儿女在家）。星期六晚上，我尽量不出去应酬，尽可能不喝醉酒。当然，我与太太也从来不会吵架，我们对爸爸妈妈非常孝顺。我太太经常在儿女面前夸我，我也经常夸她妈妈……所有这些，儿女看在眼里，印在心里，我们用实际行动，告诉了他们什么是家庭和睦，什么是尊老爱幼，什么是相互体贴。

记得有一次，她哥哥被班上的同学打了，伤在头部。她妈妈很担心，我出差在外。我在电话里安慰她说："没有问题，小孩子打打架是难免的。"

然后，我又在电话里告诉儿子："你别怕，从现在开始，你每天锻炼，明年这个时候，你再与他打一架。哈哈……"

　　一次，儿子过生日。我们带蛋糕到学校。在切蛋糕的时候，我太太告诉我打儿子的那个同学也在。我立刻叫儿子把第一块蛋糕给那个同学吃。儿子问为什么。

　　"因为你打不过他啊，你给他吃了这块蛋糕，他就不会打你了。"

　　儿子笑了……

　　后来，他们成了很好的朋友。听说那个同学还警告别人不得欺负我儿子。你看，本来是一件"坏事"，我把它变成了好事，不但使他们化干戈为玉帛，而且借这件事促使儿子锻炼出了强壮的身体。原先他很瘦弱，现在强壮了很多。

　　很惭愧，儿子读初二时，我才第一次参加他的家长会。儿子很高兴地向他的班主任孟老师介绍我。那时候，感觉老师对我这个"不负责任"的父亲不够热情，我感到内疚。一场家长会下来，没有一句表扬我儿子的话，真不是滋味（因为儿子成绩平平）。当场我就在儿子的笔记本上写了这么一句话："儿子创第一，哪怕是一项第一！"

　　回来的路上，我搂住儿子的肩膀；"哥们，太没有面子了，要创第一！"

　　"不可能第一的，你以为很容易？"

　　"你数学不是挺好的吗？专攻这科，争取数学全班第一！其他的慢慢来。"

儿子没有正面答复，但我看到了他充满信念的眼神……

平时，儿子很少告诉我他的学习成绩。但两三个星期后，他说："爸，我的数学考了全年级第十七名，全班第一名。"他脸上流露出一种自信。

我特别感动，眼眶里有种湿润的感觉："好，贵在坚持，其他的也要慢慢跟上。"

从此，他感受到了被老师、同学认可的价值与荣誉感，他的信心更足了。

做父母的要欣赏孩子的兴趣，尊重孩子的朋友、同学，争取成为孩子的好朋友。

很多父母怕孩子玩电脑、玩游戏，我不怕，我认为这是比我进步，因为我不懂。因此，我会支持他。在一次从国外回来的路上，儿子用电话问我给他买什么礼物，我说给你买了全世界最好的游戏机。他非常感动。

孩子的朋友来我家做客，我非常客气，让孩子感到很有面子。有一天，儿子带两个同学来我家玩。那天，有客人请我吃饭，我没有去，而是留在家里陪他们。之后，又亲自开车送他们到车站坐公交车回学校。儿子一直是坐公交车出门，他们上学都是坐校车，我们很少给他们"特殊"待遇，尽量让他们过平常人的生活，我也很少带他们到酒店吃饭。

此后，班主任孟老师经常表扬我儿子。老师了解了我的家庭后，他说没想到我儿子是出身在这样的家境里，这可能与我以下的引导有关系。

小学三年级的时候，我用他的过年红包建立了一个他自己的小金库，我同时给儿子一个正规账本，告诉他要开始学会管理自己的账务。账本上有"收入""支出""结余"三项。我要求他每天及时详细记录自己的开支。并强调，他的钱怎么用我不管，但一定要真实详细记录，我会定时查账，要不然收回小金库。

有一次，他在"支出"栏记录道："1—7日，用了35元。"

我检查时发现了，好好地教训了他一顿。因为这种记录太笼统，不详细，这35元用到哪里、哪一天用的，都不明白。从那以后，他的账每天都记录得一目了然。

我就是用这种方法引导儿子：一是养成了他诚信的习惯，二是养成了他细心的习惯，三是养成了他节约的习惯，四是培养了他良好的数字观念。

现在，我儿子很诚实，做事有条有理。他是班上比较节约和"小气"的男孩，他的数学成绩也一直在班上名列前茅。为此，我希望他以后往金融方面发展。

爱美之心人皆有之，小孩子也一样。我们要善于引导。

　　儿子有一篇散文诗，得了中山市二等奖。去领奖时，我和他妈妈也去了。领完奖，晚上九点多，他叫我带他去买鞋子，他给我看了一下，鞋子有点脱胶。

　　"明天有空我买了带过去，现在太晚了。"

　　爱美的他有点不高兴。

　　回来后，我给他发了一个短信："自然的美，就是你认为自己有缺点而无法改变就成自然，智者把这缺点变成美……你看你看，我这双鞋子破了，但我很喜欢它，我想多穿几天，挺通风的，哈哈……此时，在他人心目中，你的破鞋也很美。美女通常被丑男孩追到手，就是因为美女爱自然的美哦！"

　　第二天，他发信息回来："爸，你明天不用买鞋子来了，等周末回家我自己买。"

　　哈哈，他又中招了……

　　尊重孩子的情感，善加引导，或许他会更加"听话"。

　　初二的时候，我太太担心地对我说，据孟老师讲，儿子好像对他班上的一位女生有"好感"，但被那女生"拒绝"。或许因为她的成绩较好，而我儿子的成绩平平。为此，儿子情绪低落。

　　我一边安慰太太，告诉她，开始进入青春期的人，对异性有好感是正常的心理现象。同时，我又用短信告诉儿子（我们经常用这种方式沟通）："如果是我，我喜欢挑战，更喜欢拒绝。今天我不够格，不等于明天我不够格。关心她关注她，她有什么困难暗中帮助她。了解她喜欢什么样的男孩，我就成为什么样的男孩！我不再追她，我要等她来追我……"

几天以后，老师说他精神焕发，还笑着问我用了什么好方法引导。我笑着说："这是秘密。"

儿子在我的激励下，很用心地投入到学习中。渐渐地，他的成绩从中游赶到了前六名，提高了思想意识，找到了学习的快乐。后来，在全班仅有的考上纪念中学的六名学生中，他们俩都考上了。

或许大家会问我，你打过孩子吗？女儿我从来没有打过（她妈妈打过），儿子小时候非常调皮，七岁前我有打过。但有一种效果很好：当着儿子的面，修一条柔软的竹条。"爸爸，这是用来干什么的？"儿子问。"用来打调皮不听话的孩子的。"修好了，放在明显的地方。每次他不听话的时候，我就拿"家法"出来。久而久之，儿子不听话时，我眼一盯"家法"，他就乖了。

教育孩子用正确的心态看问题，化被动为主动，化消极为积极。换一个角度，坏事则变成了好事，万事皆有利于我成长。

一次，儿子与班上的同学打球，被撞伤了，加上刚刚丢了点钱，因此，情绪不好，于是他发短信告诉我。我看了就用这种方法发短信教育他，他很快就调整过来，并从此学会了如何正确看待生活中的困难了。下面是我们爷俩这次短信互动的过程：

儿子说："爸，我今天背到家了，打球给人撞出鼻血，又不见了50元钱，然后又不见了校园卡，身上一点钱也没有了。"

我给他回信："郭榕先生，态度决定一切，生活的插曲是成长的必要过程，打球发生碰撞才是打得真，流血是挂彩……不是背！不要在意，应该要开心，这样撞倒你的哥们才不会过意不去，人家不是故意的，是故意的更能显示你的伟大……不要'小娘们似的'，一点小事，何足挂齿！丢钱也一样，多丢几次小钱就是为不丢大钱财奠定基础……好事！"

"我举一个事例给你听：有两种心态不同的人，头上都被击中一鸟屎……一个人想，哈哈，这么大的天空只有一只鸟，地上这么多人与物，只被我接到了，好运来了！……一天就有个好心情，处理什么都积极，身边人开心，万事如意。而另一个人就埋怨个不停，'我就知道倒霉到顶了'，于是就垂头丧气，过马路还在想着鸟屎的事，'嘣'一声……他被车子撞倒了。真倒霉，他一辈子也不明白是他自己的心态决定了结果！"

孩子是父母心头的肉，当然要爱护有加，但是，该严的时候一定要严，该绝情的时候也要绝情。有些事，严一点，绝情一点，更有利于孩子健康成长，这是一种更深沉伟大的父母之爱。

一次，儿子对我说："爸，我要换一部手机。"他的手机用了一段时间，功能还是正常的，可能是看到新款的很漂亮，看到同学们都换了，他觉得也不能太落伍吧。

老实来讲，这种要求绝不过分，换个新的也就一两千块钱。不要说我们这样的家庭，就是一般的父母也会答应孩子的要求。

我当时就拒绝了。过了几天，儿子再一次来求我，看他那"可怜"的样子，我内心真的很想答应，但我就是不答应，并告诉他，要学会节约，手机的功能就是通话，能用的尽量用……

其实，我内心的理由是，通过这件事来提醒他：即使是父母，也不是他想要什么就给什么的。由此，他知道了以后要学会如何应对各种拒绝和挫折，我也保持了对他进行监督的有效影响力。

总结十点"儿女经"

我的儿女在我与太太及多位老师的管教下，健康快乐地成长。下面，我总结十点，与大家共勉：

1．少批评，多表扬。不要在孩子面前夸别人的孩子如何，尽量不要做这样的比较。让他们自己与自己比，一天比一天进步就行了。

2．在适当的时候引导他们养成好习惯。不要经常说，也不要说理由，他们答应会做到就行。

3．从小就引导他们诚实、节约，无论做什么事都细心、认真。

4．发现他们天生的潜力、特长，再通过后天的引导让他们充分发挥出来。

5．对于诸如包容、诚信、厚德等一些抽象的概念，最好用自己的实际行动告诉他们、影响他们。当你自己觉得不是一个好榜样的时候，你就把管教的任务交给老师。

6．尊重他们的人格，认可他们的特点，尊重他们的朋友；让他们成为你的朋友，把他们的缺点看成特点，并发挥他的特点。

7．不要总是要求孩子们"听话"，那样很容易"一代不如一代"。父母要多听他们的心声及要求，并尽可能地满足或给予帮助，或提供合理的建议。

8．不要以为他们是小孩子，什么都不懂，要尊重他们的情感。

9．关心与关注他们周围的人，引导他们结交各种类型的朋友，学会与不同类型的人相处。

10. 对于富有的家庭来说，最重要的一点就是要通过对孩子的教育，打破"富不过三代"的宿命。比如，我在儿子的房门上挂了一幅字——"自古英雄出少年，从来纨绔少伟男"，就是希望他从小要有自强自立的品质。我也有意识让孩子早一点了解钱的概念：钱就是生活所需的物质代换券。告诉他们，即使家庭富有了，还要不断读书、赚钱的道理（赚钱就是造物）。如果每人都有钱，但都不造物，将来我们吃什么？住哪里？总不至于把钱放在锅里炒，把钱做成衣服穿吧……

致十八岁儿子的一封信

亲爱的郭榕：

恭喜你已经十八岁了！可以脱离我的监护了！

十几年来，感谢你带给我和你妈妈，带给我们家庭无限的欢乐和幸福！自私的我们真希望你永远没有长大，停留在天真可爱的年代。但是，你一定会长大的，在你的身体与思想即将成年的今天，我给你写的这封信，可能胜过送一笔资产给你，因为它会告诉你如何保持身体健康，并正确引导你做人做事的方向，从而让你在自然中成长、进步！

你在各方面的表现一直都很优秀，尤其是你的胸怀度量、节约美德、对长辈的敬爱、对亲朋好友及与同学的和睦，还有数学方面的天赋，这些都让我感到骄傲与自豪。我相信，你一定是最棒的（尽管你目前还有许多缺点，比如英语成绩不好）。希望你发挥自己的专长，成为一个受人尊敬的平凡人，成就不平凡的事业。

这些年来，我在实践中总结了许多修身立业的心得，这些心得散布在我的文章里。今天我将领悟到的"三化、四步棋、五本书"，与你分享。你可以依据你以后的人生经验不断完善，让它成为我们的"传家宝"。

下面，我就具体谈谈"三化、四步棋、五本书"的内涵，有何不明了或疑惑之处，可随时与我交流。

三化：锻炼工作化、学习生活化、品德信仰化

锻炼工作化

"我知道锻炼很重要，但我工作忙，没时间"，很多人都这样说。可是，当有一天，医生告诉你要住院时，你就有时间了……

一个人如果没有健康的身体，就没有快乐与幸福，一切理想、目标都是空谈。我这样理解我的名字"长棋"——成长须健康，棋高要智慧。所以，我很注意自己的健康。如果将企业比作一个人，它需要成长、发展，也同样需要健康——全体员工的健康、管理流程的健康、产品质量的健康……这就是我把"健康第一"作为霞湖世家发展的重要理念的原因。我们的"四动"中有"健康运动"，"八项注意"的第一项就是"身体健康"，这都体现了霞湖人对健康的重视。

生命在于运动，健康的身体当然来自持续的运动和锻

炼，我们要把锻炼身体当作每天的工作。我有一个姓袁的好朋友，几乎每天下午四点半去游泳（最近，我也跟他一起，但我时间没有他准确），他告诉我："不管我在哪个岗位，我都有充沛的精力完成工作任务，并且有时间去游泳。"正因为他每天游泳，所以，每天都有充沛的精力。

时间是海绵里的水，需要多挤。因此，说没有时间锻炼的人，是没有树立正确的锻炼观。一个人如果把锻炼身体当作工作，每天必须完成，他就一定有时间锻炼了，这就是我提出的"锻炼工作化"。

锻炼工作化，让你可以随时随地锻炼身体。睡在床上，你可以像打禅一样，沉静一下心灵；早起路上，你可以练练深呼吸；坐在办公室久了，你可以伸伸腰、揉揉耳、看看远处、做做俯卧撑……这点点滴滴的锻炼，累积起来就有较长的锻炼时间和较大的运动量。这种锻炼是持续的、全面的、心情愉快的，且不影响工作，效果很好。

最近，我坚持锻炼工作化，身体好了很多，大家任何时候看到我，都是精神抖擞的，这也保证了我能够全身心投入到繁忙的工作中去。在这样的天气，我很少穿三件衣服，洗澡从来是先热水后冷水。

锻炼工作化还是自强的表现。一个人不懂得保护自己、爱惜自己，就没有资本去保护与爱惜他人，就不可能长期地、有效地投入工作，也就不可能为团队和组织创造更大更多的价值。

学习生活化

我印象最深的电视剧是《大染坊》《汉武大帝》《西游记》等，从中我学到了很多管理知识。还有其他类型的节目，都可以从中学到一些令我进步的知识。

与朋友聊天、喝茶，我的收获通常是最大的，因为我懂得学习的技巧：爱提自己的事。人，都是"好为人师"的，他们听了我的事情，自然而然地就会给我意见，我便能从中得益。

上街购物时，见到好的产品，我就想，他们怎么会做得这么好。买到好的产品，我就琢磨它到底好在哪里。天下文章一大抄，天下服装品牌其实也是一大抄，关键是看你懂不懂得"抄"。懂得"抄"就是参考与学习，不懂得"抄"就成了侵犯知识产权。每年，我都会从世界各地买来各种品牌的T恤，我们"T恤专家"，就是这样"抄"出来的。在这方面，我的朋友陈志刚更深谙此道，他上街时，从来不会忘记带微型相机——他的事业很成功。

我也是一个消费者，知道自己喜欢什么，这让我明白了服装设计的重要理念：设计消费者衣柜里没有的那件衣服。

一次坐在自家花园休息时，让我领悟出"树大也可以不招风"的道理（长在茂盛的树林里，就不怕你这棵树有多大，茂盛的树林是指社会的地位）。我们霞湖世家2005、2006年度连续被评为中山市国税与地税的A级纳税户，我有幸被评为"优秀企业家"，每次在青年企业家协会的团队里都会感到自己是长在茂盛树林里的一棵树，很有安全感；也领悟到我们企业核心价值观之一"奉献"——只有奉献才会得到人们的认可，才会和谐。就如电力、移动、电信等企业正是对社会有奉献，所以才成为成功的企业。我们家前面有三棵泰国树，一次大风把右边的那棵吹倒了，我们把它扶起来重栽，但必须去掉树上原有的绿枝。虽然光秃秃的看着有点心痛，然而一段时间过后，却长得比没有倒的那两棵还好看，绿而有型。于是，我领悟到"塞翁失马，焉知非福"，今天的失败或许是明天成功的机会，改革是创造者再生的机会，尽管失败与改革是痛苦的。生活是世界上最好的大学，生活中的每一个细节都是一本读不完的教科书。

……

怎样重视学习？把它当作一种生活，就是最大的重视。如果把学习口号拉得太高，当作一个任务，看起来是重视学习，但是会给你很累的感觉。

学习生活化，对于已离开学校的人来说，是一种最有效的学习方法。这些年，我进步了很多，就是因为坚持在生活中自然学习，当然也参加了一些大学和有名讲师的课程，主要是借此来拓展自己的视野，但真正让我不断受益、不断成长的是平时生活里的学习。吃饭、喝茶、睡觉、走路、闲聊、运动、娱乐、做生意，我都在观察与思考。很多成功人士学历不高，但知识渊博、事业有成、受人尊敬，就是因为他们在生活中善于学习，他们是真正的学习大师。

读书看报是每天生活中不可缺少的，学习生活化不是不读书不看报，而是在读书看报中，领悟书报中对你有用的知识。顺便说一下读书的方法：对自己有用的，要细读；对自己暂时没有帮助的，不看也罢。与时进学，到了什么阶段，再读那个阶段所需要的书，人的时间毕竟是有限的。所以，读书要既能"投入"又能"超脱"。用得上的就读，用不上的就不读。

学校的学习只占人生学习的20%，另外80%来自现实生活学习。你读高中、大学，只是人生学习的一个小部分，走向社会后，更需要在平常的生活工作中学习。学习生活化，将带给你一个快乐、充实、自强的人生。

品德信仰化

小时候，奶奶经常带我去烧香拜佛，求发财、求平安。现在我才明白，世上虽然不一定有佛祖在保佑我们，但在个人品德的修养上，建立一种信仰，是成长的必需，不过不能迷信。

2006年，我去了欧洲，参观了德国、法国、意大利的一些大教堂。导游介绍，建筑时间跨越最长的一座大教堂，花了180年。每座大教堂的中堂都很高，让人感觉到自己很渺小。大堂是信仰者用来忏悔自己的过错的。试想，当每个人不断忏悔自己的过错时，自然而然地就提高了自己的品德。

欧洲国家之所以花几代人的时间来建造这些教堂，就是为了提高国人的品行，从而达到用信仰治理国家的目的。大型企业也是采取这种模式——信仰治理是最高的管理，比如安利、松下、通用、沃尔玛等。我在企业提出"德治霞湖"，就是要把品德当作一种信仰。人人有品德，就能保证各项管理制度的有效执行。尽管我们不在教堂里面忏悔自己的缺点，但我们可以用接受批评、自我批评、享受批评的心态来完善自己。富润屋，德润身，种树者必养其根，种德者必养其心。

只要把品德当作信仰，你就会讲信用，你就会受人尊敬。修炼品德，从心开始。品德好的人，心态好、心胸大，生活工作自然开心。

今天你正处在人生的起步阶段，这个时候，打好为人的基础最重要。领悟了"三化"，你就奠定了良好基础。

当你身体很健康，不断学习，不断进步，又有良好的品德，大家一定会喜欢你，你一定会很快乐。

四步棋：坚持、大度、大和、赢心

第一步棋：坚持

一个人一生中能够把一件事做好就可以了。世上这么多人，每个人都把自己该做的事做好，这个社会就非常和谐了。要把一件事做好，最主要在于坚持。只要坚持做应该坚持的事情，一定能把这件事做到最好。

我一生只想把T恤做好，从1994年做T恤到现在，13年如一日，尽管我们霞湖世家的T恤暂时不是全球第一，但我相信在全体霞湖人的坚持努力下，终有一天会实现我们的愿景。

在我的朋友当中，有许多比我聪明的人，他们不停地研究新的创意，寻找成功的捷径，时时都在怀疑自己是不是走对了，时刻问自己"有没有更好的路可走"。行到半山腰看到那边的山更高，于是下来，再爬另一座山，反复几次，到头来还只能爬到半山腰，有时还在山脚。而我学历不高，只能老老实实做事，结果，我比他们好多了。

其实，男女之间的爱情也一样，爱一个人要坚持。既然选择了，就是最好的，绝对不能做比较。"比"字，由两"匕"组成，意思是匕首与匕首进行比较（同一个人，时间前后进步的程度必须进行对比），而不能与枪或矛比较；"疑"字是一个人面前有一匕、一矢、一矛，犹豫不决、多疑，这样男女之间就合不久。还有，如果养成多疑的习性，做什么事都无法坚持，就如我上面所提的那些没有作为的朋友。

坚持是成长的第一品质，无论做哪一件事情，都需要一个过程，没有困难，没有麻烦，就不会有成长。聪明反被聪明误！坚持就会胜利！

第二步棋：大度

你名字里的"榕"字由"木"与"容"相结合，直木好造物，宽容得人心。这个字就包括了"坚持与大度"的意思。大勇若怯，大智若愚，无我实现自我，无私能实现最大的自私。

人固有私心，有私心才有上进心。《处世悬镜》里面说："智莫难于知人，痛莫苦于去私；仅知取之为取，莫忘与之为取。"真正的智慧莫过于正确地了解别人，真正的痛苦莫过于放弃自己的私心俗欲；很多人只知道索取别人的就是取得和收获，却不知道给予别人才是最大的收获。

在中国，过年过节有送礼的习俗。我认为这个习俗很好，所谓"与之为取"，今天你送给他一份礼物，你获取对方的一份情感，这情感是无价的。十份、百份，就有了众多的情感，于是，你的人脉就更旺。

做到大度就是要放低心态，就像大海，因为低，所以能纳百川。见物添财，逢人减岁；聚财散人，散财聚人；退以求进，舍以求得。自高者处危，自大者寡世，自满者必溢。这些古人的名言警句，足够让我们明白"无我实现自我"的道理。

第三步棋：大和

天时不如地利，地利不如人和。今天是个讲究团队致胜的时代，团队必须团结才有力量，团结就必须有和的理念。因此，人生事业成功的第三步棋就是要有大和的理念与境界。

一个人坚持，一定能做好一件事；一个团队的坚持，则一定可以做出一番事业。成立一个团队，需要团结，包括与外部的团结。

霞湖世家一成立，就提倡"五和"：家庭成员和、亲朋好友和、社会交际和、合作伙伴和、霞湖内部和。这种大和的理念，给霞湖世家带来了很好的文化氛围，并团结了社会各方面的力量，建立了公司对外良好的社会形象。这也是当地人连续两届（第十二届、第十三届）选我做中山市人大代表的重要原因。

人与人之间的关系，很多时候是一种利益关系。因此，做到和，还得处理好利益关系。小利益和眼前利益不要看得太重，能放就放，能让就让，并维护或帮助他人的利益。这样，大家都喜欢与你合作，你就能得到大利益，还能营造一个和谐的环境。

大和是一种境界、一种品德、一种智慧，大国的崛起需要有和平的国际环境，大人物的诞生需要有和谐的人脉！

关于对"和"更多的理解，我写了一篇《和》的文章，你可以去看看。

第四步棋：赢心

下好了前三步棋，第四步棋便是水到渠成的事了。

仁者无敌，得人心者得天下。"天下"二字，对个人而言是事业，对企业而言是市场。人有人品，企业有品牌。人做好了，人品就好；企业做好了，品牌就响。人品好，则人心所向、众望所归，何愁大事不成？人心不是去争的，不是用物质的东西可以买到的，你知识丰富、品德高尚、胸怀大度，别人自然会认可。

得到众人的认可，就是赢心！霞湖世家做出来的产品，每一件都要成为精品。这样，不管我们做什么品牌的T恤，只要是霞湖世家做的，一定会让消费者满意、认可。如此，霞湖世家就能得人心，得市场。

今天，市场对品质要求非常高。2007年是我们的"品质年"，我们将品质观与道德观相提并论，质量做不好就是缺德，什么样的人品，做出什么样的产品！作为公司高层管理人员，要重视部属的人品培养。"德治霞湖"的理念要贯穿到整个企业的管理之中。

有几点注意事项与你分享：不要自作聪明，要多认识聪明人；不要自以为是，要众人说是；不要遇事计较，要乐观承教；不要过于自我，要大度无我；不要人人为我，要我为人人；不要固步自封，要锐意进取；不要口是心非，要光明磊落。

这成长四步棋是结合我人生经历的实践总结。其实，赚钱就是造物，你赚了多少钱就是造了多少物，你花了多少钱就是消耗了多少物，将你造的物与你用的物做等值交换，比如我用卖T恤赚的钱去买汽车、房子，这就是生活交易。你不会赚钱等于你没有造物，同样也没有物让你消耗，所以，要想自己生活好，生活得有价值，就要努力学会赚钱。

五本书：专业知识书、人生实践书、社会博学书、心灵美德书、自我成长书

活到老学到老，要养成终身学习的习惯，上面所提的学习生活化就是这个意思。有一次，我与你以前的田校长交流。交流中，他提出了广读"五本书"的概念，我非常认同，并结合自己的实践加以整理，即专业知识书、人生实践书、社会博学书、心灵美德书、自我成长书。

专业知识书

专业的科学知识在学校学过不少，当然还有自己工作后某个领域的专业知识或独特的工作心得。比如我对T恤专业，从种棉花到成衣，再到品牌销售，每个环节都要读懂。对于品质的知识，我从国家检测标准中学习。

专业知识是一个人从事某项工作的基本要求，也可以说是他谋生的基石，一个连自己的专业都不精或不懂的人，一定做不好本职工作，甚至可能会失业。例如，采购部审查单价，如果不懂辅料的制作流程和成本结构，又怎么知道价格合不合理呢？其他员工也是这样，你越专业，技术就好，工资就高，机会就多，工作也就更有乐趣。一行通，百行通，通才与智慧就是从专才开始的。

无论你未来从事哪个职业，你必须要把自己的专业之

书读好读通读透，成为这个专业的专家！

人生实践书

人一生下来，随着年岁的增长，每天不断地与现实世界发生物质和精神的交流，这就是实践。格物致知，真心诚意，修身齐家直到治业，真正的学习者与创造者，都知道如何从书本走向生活，从理论走向实践，再从实践回到书本和理论，如此往返循环。

人生实践书就是一个人成功与失败的经验积累，值得我们用心审读，比如海尔张瑞敏的成功与科龙顾雏军的失败等。我比较喜欢研究别人失败的原因。有一次，东方儿女品牌的林老板经营失败后，我通过熟人请他吃饭，向他学习了很多经验教训。还有一次，一个朋友因不小心进了监狱，出来第一天我也请他喝茶，从他那里，我了解到大丈夫能伸能屈的境界。

人生实践是一部永远读不完的大书，我们要用心感受人生的丰富与曲折，要学会在个人与公司发展之间寻找最佳结合点。千万不要用阅读历史的方法去解读生活，而要以谦虚、思考、享受的心态来一步一步地品味生活的苦与乐、喜与忧，从而构建自己积极健康的思想观、人生观和价值观。从多个角度审视历史、现实、成败，以"经营人生"的高度设计人生，最终成就独特的自己。

社会博学书

"读书是阅古人之事，阅世是读今人之书"，要做到适者生存，并可以赢在社会，必须了解过去的历史和社会的未来发展趋势；了解本地区本国度的情况，也要了解全世界的相关情况。视野全球化是管理者必须具备的一种素质。在这个资讯高度发达的时代，对历史与现实、社会与人生、思想与实践的理解与关注，是个人成长的必然要求。任何一本书都不如社会这本大书丰富和全面，它是一切知识的源泉。人在社会中，须知社会事；在学习型社会里，企业更不能"两耳不闻窗外事"。我们要学会也要有能力博采众长，广集"社会"巨书的花粉，以酿造自己的知识与智慧之蜜。

霞湖世家的设计师经常出差，看其他品牌的产品。我做的是T恤，但看的不仅是T恤。女装的趋势、休闲裤的变化，可能会启发下个季节的T恤设计。2006年是暖冬，经营羽绒服和棉服，碰到困境。这时候，很多人以为T恤就会很好，我却感到T恤面临更大的危机：我们的客户积压了大量冬天的货品，影响到资金的周转，生产羽绒服和棉服的就有可能转型做T恤……

读好了社会博学书，就能从根本上看问题，明白事物发展的自然规律。孔子说"五十而知天命"，就是因为人到了50岁，读懂了社会。

心灵美德书

这几年，于丹很出名，因为她读懂了《论语》，《论语》主要讲的是心态，心态好就是心灵美。我们的《霞湖人如何用行动描绘心灵彩虹》一书，也是一本呼唤心灵美德的书，值得你好好品读；在阅读时，如果再唱唱我们的企业歌《心灵彩虹》，也许能够更有体会。

选人、育人、留人、度人，是企业人本管理的使命。人本管理的核心就是育人、度人。如何育人与度人？除了一般的专业训练、知识培训外，我认为最重要的是心灵的建设和心态的引导。中国有很多文化流派都强调道德的力量，如儒家思想、佛教。"静坐常思己过，闲谈莫论人非""良言一句三冬暖，恶语伤人六月寒""培养好自己的气质，不要争面子；争来的是假的，养来的才是真的""受人滴水之恩，须当涌泉相报""处世不必邀功，无过便是功；与人不求感德，无怨便是德"等，我希望你能用心学，这些都是人类美德的最高境界。

自我成长书

每个人来到这个世界上就是一本厚重的书，人人都有一支笔，都在书写自己的人生，一个脚步就是一个段落，一天便是一页，一年就是一章。有的人将生命书写成美丽

的鲜花，有的人将生命雕刻成一尊佛，也有的人将自己的
生命涂画成一团黑……

自己的成长之书要自己谱写、自己研读，很多人忙
于阅读他人之书而忘记了自己的书。知人易，知己难，人
贵有自知之明。因此，每个人要学会阅读自己，阅读自己
曾经走过的心路历程，阅读生命中的成功与失败。阅读自
己，认真检阅自己的路程和别人的足迹，你会发现人生的
路不是一帆风顺的。把自己看得太重，把别人看得太轻，
会形成心理的失衡和无奈。阅读自己，回望自己走过的人
生印迹，会发觉生活的忙碌与追求的无边。阅读自己，会
更加明确有所为，有所不为；哪些为先，哪些为后，什么
时候可以无为而治。

俗话说，知易行难。有些道理很简单，但它们可能是
生活的真理，是人生成功的法则与规律。正月初六那天，
你表哥结婚，我送了他一幅很简单的对联，上联是"承信
夫妻孝爱父母"，下联是"修身立业养育子女"，横批是
"成家成事"。

常言道："婚姻是一种道义的结合，而非普通男女
的情感。""承信夫妻"说的是：结了婚后，未必时时追
求恩爱，双方只要相互有承诺、讲诚信，就能保证白头
偕老。"孝爱父母"说的是：孝顺父母是古代人做的，我
们现代人要讲孝爱父母，每一件事都顺着父母，可能一代

不如一代，这副对联中唯一的爱，献给了父母。"修身立业"指的是：给了你很多资金，你未必能把事业做好，只有修身才能立业。"养育子女"的内涵是：养孩子容易，育孩子则需要你修身的影响力，就如我今天能写这封信给你一样。如果养一个对社会有害的孩子，则不如不养。所以，你要做好修身准备，不要盲目早生贵子。"成家成事"说的是：成家后，一定要成事业，要不然，无法做到家庭的和谐。我不会要求你听我的话、顺我的意，但我希望你永远爱我，爱你妈妈，爱我们这个家。

未来你结婚时，我也会送这样的对联给你，你要努力哟！这封信仅供你成长参读，将来你会写一封比这更好的信给你儿子。当遇到不愉快的时候，你就重读这封信，可能会有另一番体会。

丁亥年正月十五日，郭长棋

致员工及员工家属

致员工的一封信

亲爱的员工们：

你们好！这封信里，我描述了两种人。你们用心看完后，把它当作一面镜子，照照你们过去是哪种人。将来你们又会做哪种人，你自己决定。

请千万不要责备自己的过去，我写这封信，也绝对没有责备别人过去的意思——没有过去的对比，怎么能肯定将来是对的呢？

我先对这两种人做一个明确的定位。第一种人：不伤害他人，感恩他人给予的任何帮助。这种人是好人，是受人尊敬的人，是成功的人，更是一个OK的人。第二种人：容易伤害他人，记恨他人曾经不给予帮助。这种人我不能定义他是坏人，但一定是普通的人，如果他成功，一定是偶然的；如果他失败或一辈子碌碌无为，那是必然的。

也许，有些人就会问我：我可以不伤害他人，可是别人会伤害我啊，怎么办？

　　亲爱的员工们，我打个比喻吧：假设世界只有一百个人，当你永远不去伤害别人的时候，不能保证没有人会伤害你——也许十个或者八个可能会伤害你，但那时，你将得到八九十个人的帮助。反过来，如果你是一个容易伤害他人的人，则必然有更多人会伤害你，那时不会有一个人来帮助你。这说明，只有做一个不伤害别人的人，才能更好地避免别人对你的伤害。

　　蒙牛集团的老总说："先做人，后做事；做人的公司做不小，做事的公司做不大。"我们企业愿景的第一句就是"霞湖人是一个受人尊敬的平凡人"，霞湖队伍不断壮大，新人不断加入，当然也有人离开。我认为只要曾经是霞湖人，都一定会受霞湖文化的影响，不管他将到哪个岗位或到哪里工作，他都会受人尊敬，容易得到别人的帮助，朋友多了路好走，成功的机会比别人大。

　　受霞湖文化的教育，第一种人在我们公司越来越多，但是，第二种人也还有。以下我举两个例子：第一，我们公司制度规定，员工生日放假或请假，公司不准备生日蛋糕；当天过生日只要在公司的，就送蛋糕并为他祝福。因为只要你放假或请假，你的亲友已经为你祝福了，生日有快乐了，过了你生日那天，公司就不再送你蛋糕，当然也不会折合成相应数额的资金作为补助。生日蛋糕不是你工资或报酬的一部分，是公司对员工额外的慰问与关怀，同事们也希望你留在公司过生日一起吃蛋糕与一起分享快乐。对此，绝大部分员工是理解的，是感恩的，感受到了公司对他的祝福与关怀。上次，有个员工因为放假或请假没有领到蛋糕而耿耿于怀，一副抱怨和气势汹汹的态度，很不友好。于是，公司本来是一片好意，反倒变成了某些人不满的理由，这就是对人缺乏理解，是不成熟的表现。

第二，中秋节送员工亲人一件T恤是公司的心意，有些员工却拿着自己穿了，那是对父母、亲人缺乏感恩的表现。我们希望霞湖的员工在家都是关心亲人、孝爱父母的。你一年在外打工，当你回家时，公司想替你为亲人送一件礼物，既体现霞湖的关怀也体现你的孝心。大部分人都做到了，但也有个别员工因为没有领到自己想要的那一件，就埋怨工作人员，埋怨公司，这种缺乏感恩意识的行为，不是一个"OK人"的行为。

有一个故事说，一个小女孩整天在家上网，妈妈怕女儿上瘾，无可奈何把电脑卖了，这女孩一气之下离家出走了。她身无分文，在街上又冷又饿，坐到一家面店门口，老板看她一个人坐了很久，就送她一碗面吃。这个小女孩边吃边感动得流泪。心里想："这个老板怎么这么好，不认识我还送面条给我吃，我应该怎样感谢他呢？将来有机会，我一定要来报答他。"她边吃边向老板道谢，并说明了一定要报答他的意思，还问老板："为什么你这么好，而我妈妈那么坏，把我电脑给卖了？"这时候，老板就明白小女孩出走的原因，他对女孩说："小姑娘，你有一颗感恩的心，我只送给你一碗面，你就如此感动；但是，你的妈妈给了你多少碗面，你数得清吗？为什么你不感谢她呢？仅仅为了一件事，就离家出走让她担心。我相信她现在正在哭正在等你回家！"

女孩才吃了半碗面条，放下筷子，边哭边飞快地往家跑……

这个女孩醒悟了。有以上思想的员工，你们醒悟了吗？别人帮助你100次，只要有一次不能帮助，你就怀恨在心，甚至用语言或其他行动来伤害别人。这样的人，只记恨不感恩，视野会越来越小，路会越走越窄。看看我们周围，有几个这样的人事业是成功的？家庭是幸福快乐的？生活是美满幸福的？

日本一个心理学家，在大学一个班级里做过一个心理测试，让全班同学匿名写出班上最讨厌的人，讨厌几个就写几个，结果，写出讨厌人最多的人，正好是全班最讨厌的人。

凡事有因果关系，对于第一种人，有时候，好像吃亏了，但成功与幸福偏偏就喜欢他；对于第二种人，他也好像经常"赢"，但他却可能输掉了一生的事业与幸福。

亲爱的员工们，将来你会成为哪一种人？命运是你自己掌握的。活在当下，我们每个人不是为过去而活，而是为了美好的明天而活。我只是以自己的所历所闻所感，以一个朋友的身份在分享我的感悟，更希望每个霞湖人今后都有一个成功、快乐、幸福的人生。

中山市霞湖世家服饰有限公司

郭长棋总裁

2007年9月15日

致员工家属的一封信

尊敬的员工家属们：

你们好！在霞湖世家新工业园第四个中秋和国庆节来临之际，我代表霞湖世家向你们致以节日的问候和祝福，并真诚感谢你们一直以来对霞湖世家的奉献与关注！

九月提前放年假已成了我们的习惯。送一件T恤代表我们的心意，也代表您亲人在公司的劳动果实。质量好不好，请您帮助我们监督；如果好，请表扬您的家人；如果不好，请指点您的家人，并提出宝贵意见给我们，我们将协力改善，以确保明年送给您的T恤让您更加满意。

中秋与国庆是回家与亲人团聚的最佳时候，比起过年放假回家，这时候路程往返更加安全、实惠。到了春节，凡过年留厂工作的员工，会给双倍的工资，公司还组织了集体团年饭、文化娱乐节目等，员工将过得很开心。

另外告诉您，几年以来，我们成立的员工基金会，取之于员工、用之于员工，已帮助了不少家庭有重大困难的员工……还有，我们建立了员工生日祝福的制度，只要员工在公司，我们都会为他准备生日蛋糕，共同祝福他生日快乐！

在霞湖世家，员工有机会边工作边学习。我们每月的报刊及相关学习资料，大多是引导员工如何保持健康的身心、和谐的家庭和快乐地工作。比如，记住他人曾经给予自己任何帮助的人，是有感恩之心的人；记恨他人曾经不给予自己帮助的人，是痛苦的人……

2007年，在全体员工的努力下，霞湖世家走过了艰辛而辉煌的一年，霞湖世家品牌相继荣获了广东省著名商标、中国名牌称号。2008年，我们将扩大生产规模，需要大量的员工，请您一如既往地支持霞湖世家，介绍更多的亲人与朋友来我们公司共同发展。再次向您表示衷心的感谢！

月到中秋分外明，每逢佳节倍思亲，公司祝愿那些回家过节的员工注意安全、一路顺风，早日与家人团聚，过一个平安、快乐的中秋节和国庆节！同时，也请回家的员工，记得带上全体霞湖人对你父母和兄弟姐妹深深的祝福！

爱满天涯，霞湖是家，公司也向节日期间留厂工作的员工表示崇高的敬意，希望你们在遵守公司安排、做好本职工作的同时，过一个充实、平安、快乐、幸福的中秋节和国庆节！

最后，再次祝你们：月圆、人圆、情圆、事更圆！

中山市霞湖世家服饰有限公司

郭长棋总裁

2007年9月20日

T恤大叔四论

论道理

道理，先认道才定理，道在前，理在后。懂道者认识道理，自道者认自道理。道可道非，看太阳之道，谁为太阳谁是正道。国有国王之道，业有业主之道，家有家长之道，老大之道为正道，老二老三等之道为负道。今天我们国家，唯从正道，国泰民安。业主、家长之道，在业在家也是太阳道，顺太阳道，业幸家旺！认了正道再论理，理正了；不认正道论道理，道负了。正道是1，N多理都可为0；负道是-1，理越多，负数越大。理不顺正道，随即可看到悲剧：国乱、业倒、家败。所以，道可，道非，常道！公有公道，婆有婆道，各不让道，各论其理，家焉能和？企业定位之道，高管各自有道，不顺主道，企业便无道可行！道正理正，道负理歪；道多则乱，成胡说八道。理解，理解，解理时顺着道，理解万岁！

我写这篇《论道理》的原因是，我家里的人（我姐我哥我妹）有矛盾。我想，为什么我和我哥没矛盾呢？我终于明白了，我在家里都听我哥的，按我哥的道再去讲我的理，所以我兄弟俩就没矛盾；而我妹妹是以她的道与我哥论理，所以道不对就理不清。道和理的关系清楚了，我想家人就没有矛盾了，夫妻可以白头偕老，企业内部也不会存在矛盾。

论爱情

许多人认为你爱我、我爱你就是爱情。我们来分析一下，什么是爱，什么是情。

做了父母的人就知道对子女的爱是什么，孝爱父母的人也知道对父母的爱是什么，唯一搞不清楚的是爱情的爱是什么。其实任何一个字只有一个意思，对子女的爱一定是真爱，是可以把生命付出去的爱，所以爱是"无私的奉献"。

问世间情为何物，直教生死相许！古人也搞不懂情是什么意思。你的男朋友很帅，别的美女多看他一眼你就不舒服；你的女朋友很美，谁也不能碰她，碰到就要拼命。动物界里面也一样，为了争配偶，异性会互相咬个你死我活，所以情是"自私的占有"。

无私的奉献和自私的占有恰恰相反，说明爱的反义词是情，情是不爱吗？所以，"情"让古人无法理解。被自私地占有会让自己窒息，去自私地占有别人会让自己无法自拔。"直教生死相许"都是情惹的祸？

爱情的宗旨是美好的，因为有爱，因为有无私的奉献。如果缺了爱，只有情，只有自私的占有，很可怕。许许多多破碎的婚姻都是因为自私的占有而造成的，让世界充满爱吧！

论"钱"与"贱"

我们来分析"钱"与"贱"这两个字的结构，看看古人是怎么编造这两个字的意义。"钱"与"贱"意义相差好大，然而"金"与"贝"的意思是一样的。为什么呢？我们来分析一下。

一个当官的人因为钱的问题进了监狱而身败名裂，是不是很贱？

一个企业家为了赚钱去做伤害消费者的产品而进监狱，他是不是贱人？

一个现代女人非出于生活所迫而去卖身，她是不是"贱货"？

一个只会赚钱不会花钱甚至劳累而死、人在天堂钱在银行的人是不是下贱？

为了钱和兄弟反目甚至和父母打官司，你说这个人不贱吗？

很久以前，我听过一句歌词"钱啊，你是杀人不见血的刀"，所以古人如此造这两个字是有道理的，好像"贪"字形近于"贫"字。

我们要明白为什么而活着，不是只为钱，不要成贱人，活出你人生的价值吧！

价值论

"价""值"两字都是单人旁，古人造字智慧超高，通常有价值的东西都是以物值为主，而"价""值"两个字都是以人为主。

你拥有多少财富是不是体现你拥有了多少价值？比如，毒奶粉的老板、千亿富翁黄光裕，他们创造的是价值吗？

我不在乎你有多少财富，我更在乎你有没有价值。价值应该是人们对你的评价值，社会对你的评价。一个人做了对社会有意义的事，人们会记住你的好。许多人虽然没多少财富，但创造的价值很高。朱光亚是中国核科学事业的主要开拓者之一，他未必有很多财富。基层的劳动者未必有很多财富，但他们活得心安理得。

价值不是用财富衡量的，是社会人对你的评价，是让你活得心安理得的标尺，是奋斗的宗旨，是幸福的指数。创造价值就是创造幸福，正确认识人生价值观，我们一起创造人生的价值吧！

以"大学之道"悟管理人生

　　我曾给自己许诺，要将"新大学之道"分享给一万个人听。为此，我花了很多时间去演讲，在此也分享给大家。

　　先说一下古代的"大学之道"。格物致知，意诚心正，修身、齐家、治国、平天下，这是每一个成功者的必经之道。普通人对治国、平天下好像并不那么关心，总觉得离自己很远。那么，我按普通人的思维，把"大学之道"重新归纳为六大点，即平安、修身、齐家、事业、朋友、口碑赢天下。如果平安是1，其他都是0，再健康，再有钱，如果没了平安，都是0，所以我把平安排在首位。

　　引用一只手论人生成功的管理之道。我们把手伸出来，有手掌和五个手指，手的这六个部位分别代表平安、修身、齐家、事业、朋友、口碑赢天下。我们的人生像手一样，只要有一个部位缺失都是不完整的。手掌代表平安：平安代表一切，没有手掌哪有五指？命运自己掌握！获得平安要管理自己，要行善积德，勇猛但切勿鲁莽。高调者必然高危。出入谨慎如盲人，自救有智急生灵。平安需要管理，用心去想如何从任性中管理自己，从盲从、冒险、饮大酒中保护自己的安全。

大拇指象征修身，管理心态与健康。为人先爱己，再爱家，后爱国。爱自己则要先爱惜自己的身体，早起者自然有早餐、想午休、能早睡。养身与养嘴有区别，吃好与好吃要分清。做到身体锻炼工作化、品德信仰化、学而无止生活化、身材苗条时尚化。

食指代表家庭，管理家庭是一门大学问，爱家才能齐家。新时代，要提倡爱老敬幼，用孝爱替代孝顺。"爱"和"顺"的差别大家可以体味。包容兄弟姐妹而不纵容，信任而不放任。夫妻相约偕老，互信任、互有尊严，用艺术育子，让子女自然成长，纨绔无缘伟男。打破"富不过三代"的魔咒，家教须以行善积德为旨意。

中指象征顶天立地、承上启下，代表事业。在事业管理，青春浩气丹心，创业远见卓识，就业新思善断。心细者胆大衷肠，避贪字，慧眼在心。一定位，二知识，三流程，且执行，且监督，有始无"终"，不断改善，有成在于坚持。

无名指代表朋友满天下。感恩知己良师，高风亮节大度，友爱诚意正心。三人行必有我师。礼尚往来，与之为取，乐于分享。观友之优点，赞美永不离口。天下无敌，只因你善良有智，永不树敌。

小指代表树立口碑。人之定论终在于他人口中，德行天下者无敌，践行仁孝忠信，谨守礼义廉耻。低调者自然优雅。贪近于贫，乐于助人，自然得人助。

五指相连，环环相扣，健康影响家庭，家庭影响事业，事业有赖朋友，朋友传播口碑。

五指摊开，平平整整，提示我们人生要平安，人生要完整。人生在世，七分靠打拼，三分天注定，平平安安就是福。平安第一、平安是福，握紧手、抓紧五个指头就是命运掌握在自己手中。五指紧握，就能成为一个拳头，挥之而去，力之所在，这显然就是人生的能量！一个人，他口碑好、美名远播，朋友自然多。朋友多对事业帮助可想而知，事业有成家庭就幸福，家庭幸福者身体更健康，人生平安更需要这五指要素。这就是所谓的"新大学之道"。所谓道不可违，违之缺这缺那，他的人生就不完整，或许曾经成功过，但不算是真正成功的人生！男女都一样，我们没有成功，只有不断成长。

君子虚怀与竹同，女子有德便是才。大学之道永践行，实干时尚新文化。

用管理企业的态度来管理身体

　　年轻人，你想学管理吗？管理是一门艺术，是一种哲学。

　　你想当总经理吗？一个用心学习管理知识并有哲学思想的总经理才能把公司管理好、经营好。其实管理通了也很简单，一通百通，麻雀虽小，但五脏俱全，公司不管大小，专业人才不管多厉害，组合成一个团队就要管理。只有管理才会有持久的力量，才能拥有永恒的品质，公司才能生存下来。健康也一样，每一个人的健康跟每个人开的公司一样，不管大小，都需要管理，不管理健康是不持久、不永恒的。一个医生一天看几十个人，他一天能了解几十个公司的管理问题吗？所以管理是最高的学问，也是最高的境界，一个国家也一样，最高的是中央管理层，而不是各种专业的科学家，健康管理的理论也一定是养生的最高理论，高于所有的养生理论、信仰医生的理论。在管理的理论中，疾是敌人，病是朋友。病是向高层汇报我这里出问题了，它应该是朋友；疾是制造问题的罪魁祸首，它应该是敌人。现在的人就怕生病，把病当作敌人是错误的，有病的人别以为自己是病人，没病的人别以为自己没有病。

今天的社会，所有的医院都在排队，那么多无知的人一个一个倒下去，那么多有作为的人也倒下去了，很多明星、名人在事业的成功阶段倒下去了，怎么确保下一个倒下去的不是你呢！

我们都是普通的人，在自然中成长，大自然孕育了我们，而我们很多人却在违背大自然的规律。了解大自然的规律，了解生命的规律，了解人的身体结构，我们会发现身体跟公司有一样的结构，有高管，每个高管分管着不同职位的员工，这里既有哲学亦有科学，有因也有果。你是身体的总经理，你的身体总经理也只能是你，你自然要用心去了解身体，了解身体的每一个部位。学习管理身体的知识，首先要有管理身体的意识，这本书并没有很多专业管理身体的知识，我也不是专业的医生，但可以用我多年经营企业的经验、管理身体的经验以及这两者之间的思考和感悟启迪你管理身体的意识与智慧。你可以通过自己的方式获取相关的知识，比如手机微信、网络、书本、专业课程等，但一定要建立正确的意识。比如说，你的颈椎有问题，说明你平时没有管理好颈椎这个部门，那么你开始学习了解颈椎的结构，了解患颈椎病的N个原因，找出它的根本问题并结合自己的生活习惯就能知道自己为什么犯下颈椎病。通过你的学习便明白该不该找医生、该不该吃药、该不该改变生活习惯，或者做一些有效锻炼颈椎操来进行物理治疗，等等。每一个部位犯病就等于每一个部门出问题，你就可以通过管理、通过学习、通过改变生活习惯，吃对药，找对医生，那么治病对你来讲就很简单了。

我们的每一天、每一年，都离不开大自然的规律，我们从小学到大学再到社会，增长了许多知识，也增长了许多见识，也有很高的智慧，然而一门管理身体、管理健康、管理生命的学问，我们掌握了多少？我们学习了多少？甚至我们读过没有？还有人怀疑这门学问的重要性吗？

本书作者郭长棋

身体是我们自己的，只有自己才会了解自己。我的主张是：管理自己，当自己身体的总裁、总经理。

有些人不相信，认为我有钱就可以找医生。我们看到，以往历代帝王把自己的生命健康都交付给御医，以为御医能管理好他们的身体，结果他们都错了。苹果公司的创始人乔布斯能创造出商业奇迹，但他一样是一个管理身体的无知者。因此，把自己的身体过度放权给医生是不明智的。

世界上有许许多多的不公平，最公平的是每个人生命的时间，一天24小时，一年365天。要管理好生命的时间，在正确的时间里做正确的事情，古人留给我们很多管理身体的知识与智慧。比如《黄帝内经》等自然学、生命学、中医的知识，有食医、食疗等饮食的知识，健康生活习惯的知识，以及各种锻炼身体的方式。加上现代西医的辅助，如果我们每个人很用心很认真地掌握这门学问，再去了解自己的身体，你就会发现让自己生病是一件很不容易的事情。就好像一个总经理掌握了自己的管理知识又很了解自己的公司一样，公司是不会出大问题的。

我本人35岁之前，没有体会到这一点，身体处于亚健康状态。我的事业上有点成就，我管理了1000多人的公司，读过很多管理的知识，做了一名总经理，整体而言也算合格。那段时间，我的身体已经到了临界点，严重的颈椎病、慢性咽喉炎、耳膜炎、牙周炎、鼻炎、痔疮、便秘、腰椎间盘突出等问题困扰了我的生活，进了N次医院。我发现了疾是从我的生活习惯来，并发现了病是治不好的，生活习惯没有改，病还会存在。所以我总结了一句话：疾从生活习惯来，病应从生活习惯去。就好比我穿了所有的鞋子都磨歪了一边，请人帮我补鞋是补不好的，只有改变走路姿势，我的鞋才永远不会歪。

有一次我的朋友问我，有什么东西或什么办法能最快速地醒酒，我说，"少喝点"。朋友们都笑了，你们说有什么办法能比少喝点更有效呢？

有朋友问我：得了糖尿病怎么办？我说很简单，你问自己五个"为什么"，找出你得糖尿病的生活习惯，你就找到治疗糖尿病的药了。医生开的药虽然有可能把你的糖尿病治好，但你只是暂时跟糖尿病告别一段时间，糖尿病还可能会从你旧的生活习惯中回来。这时候认真思考自己的生活习惯，你可能会发现自己以前经常熬夜（熬夜，一个青春时代共有的名词）。当知道熬夜会让血液无法得到清洁的事实后，你会吓一跳。

七魄里面有一个"魄"挺有意思的，叫"除秽"，经常熬夜意味着你的第三个魄要出问题了。"贼"是外贼，"秽"是内秽。内秽就是自己代谢产生的废物。最好睡觉时间是什么？是三焦工作的那个时间，晚上11点前，也就是我们说的亥时。亥时睡觉的话，这个除秽上班了，功能发挥到极致。人白天生活中血液会产生许多垃圾，需要晚上"魄之除秽"，当你睡熟了它才出来，你不睡它就不用上班了。除秽经常不上班，血管脏了，管道自然变细，高血压来了。血液有秽，不同体质加其他生活习惯就会导致代谢病，有些人尿酸高了、血脂高了。吃药仅仅是告别一段时间，不熬夜才是真正的名药方。

我这十多年，对自己健康进行管理，所有亚健康状况消失得差不多了，尽管还有点，但是相信一定会越来越好的。最近几年，令我最痛心的是身边一些同龄的领导、朋友走了，让我更有理由去用心学习管理身体！

我为什么要在经营乔治汤米品牌时创作关于管理身体的内容呢？虽然从专业的角度来看我并非专业人士，但这十多年来，为了自己以及家人学习并用心研究管理身体、管理健康，获得了一些心得，在反复实践中，取得了很好的效果。近年来，我对这些思想和方法进行了梳理，希望可以给更多人以启迪。

是T恤，也是你们每一个人成就了我的一生。我感恩T恤，感谢有你！请让我继续体恤你们。我将永远为你们身心健康而生，带领乔治汤米团队将一件件健康的产品研发出来，让产品附上健康的灵魂，我们将为"为身心健康而生"的乔治汤米品牌奋斗终生！

管理身体就是要各安其位

　　任何事物发展都需要有管理体制，才会持久保持良好品质。疾病，病从疾开始，疾从生活习惯来，应从生活习惯去，疾不改病难治。管理必须了解事物发生的源头，从根本上解决，健康通过管理，就难患疾病，疾病通过管理才是真正的治病。

管理身体是贵生

　　什么是贵生？

　　整天都有人在告诉你怎么养生，却没多少人提到贵生。健康管理，讲的就是贵生。人贵有自知之明，有自知之明的人叫"贵"人。

　　人贵有自知之明，了解自己的肉体，就能了解自己的气、能量，了解自己的心，了解自己的意。在这个基础上，一要贵自知，二要贵生。把生命永远放在第一位。

　　在这里，很值得向读者朋友推荐北京厚朴中医学堂堂主、高级中医讲师徐文兵医生的养生理念。自从我开始注意健康管理和养生以来，徐医生给了我很多启发，我是受益匪浅。下面提及的诸多养生理念都是来自徐医生，他受著名主持人梁冬之邀，作客中央人民广播电台，主讲《重新发现中医太美之黄帝内经》，就很值得读者朋友看一看，相信会有很多收获。

管理身体要清楚谁是"高管"

身体，身是身，体是体，锻炼身体，你是锻炼身还是锻炼体？身躯是高管，五体是员工。不学会管理的总裁，公司迟早会经营不下去，人要是不会管理身体，早晚会出问题。

管理身体如同管理公司，公司结构与身体架构有很多的相似性。如果你是总裁，会管理，那么没必要在每个环节都很强，更多的是要识人才、懂人才、爱人才、用专家。管理身体也一样。如生活习惯专家、食医专家、中医专家、西医专家等，他们都是我们的顾问。从这一角度来看，管理身体与管理公司，真可谓是原理相通、一脉相承的。

我们不妨把身体当成自己管理的公司，自己就是董事长。别人肯定无法替代，古代帝王们自以为别人可以代替自己来管理身体，这些帝王结果都错了！同样，我身边有许多能力强的朋友，赚钱几亿甚至是几十亿后，什么都会管，就是身体不会管理，有的甚至看不起养生，结果到死前才明白错了，有的死了都不明白……所以无知很可怕，无知再传下去更可怕。

我们具体来看看身体与企业的相通之处。

首先，身体有组织架构。比如，头是"董事会"，经常要静下来给自己身体的"高管"们开开会，静坐、站桩等就起到这样的作用。身体也要有良好的沟通渠道。颈椎是N多神经EIP管理系统之通道，不能不保护好，任何问题都会让"各部门"失去管理。

其次，与公司组织一样，五脏六腑是"高管总经办"成员，缺一不可。在公司，董事会、EIP系统、总经办成员是公司存活核心。在身体中，尽管五官、四脚、两阴处都是各部门员工，没有了它们还可以代加工，只是成本很高很高。

身体的"高管"是五脏六腑，我们要清楚认识这些"高管"。

管理心与心胞

心神与心胞是无形与有形之别，心神存在心胞里面，舌为心胞之官，心胞有病一般会出现舌头不灵活、舌卷缩等症状。

心神是无形之脏，中医把心神与心胞称为一个脏——心脏，心脏为五脏之首，心神关系小肠，心烦意乱容易引起便秘现象。心胞与三焦相表里。心神与小肠经络相通，互为表里。

相由心生，心态决定一切。喜欢生气，疾病就越来越多；喜欢占便宜，贫穷就越来越多；喜欢施财，富贵就越来越多；喜欢享福，痛苦就越来越多；喜欢学习，智慧就越来越多。真正的享福，莫过于"惜福再造福"，我们要惜福，体恤身边的朋友和家人。厚德体恤，积极上进。这样，你就是不能做出一番大事业，也能做到无愧天地、无愧于心，得到一副好身体！

身体的"高管"：肝胆

一个部门总经理经常来光顾，来看一看、走一走，这个部门就会紧张，有所表现，总经理也容易发现他的管理问题，这个部门就不容易生病。

我觉得现在年轻人的肝最危险，不良习惯天天在伤肝，出了问题扁鹊再世也救不了你。不久前，我的一个大客户走了，那天我在韩国，赶不回来送他，我太太去送的。他才51岁，就是肝出问题，留下了几十亿的家产，我认为他什么都好，就是不会管理身体，总感觉他认识很多国外国内专家，身体就能有保障。现在我们只能怀念他了。

心肝宝贝，把肝保护好，相信你们总有办法的。

身体的"高管"：肺

在2008年的春天，我的岳母因为肺结核恶化积水了，在中山博爱医院治疗了一段时间，由于我是小女婿，兄弟姐妹多，不能全权主张岳母的治疗方案，那时候我管理身体的水平低，也没有足够的把握。有一天早上，见到太太眼睛哭肿了，我吓了一跳，问她怎么回事，她说昨晚不好意思告诉我，怕影响我睡觉，她自己一晚上都没睡。博爱医院叫岳母办理出院，回家等着，医生说大概还有50天左右。那就是回家等死。我忽然感受到亲人生死离别的感觉是怎样的。后来我决定接岳母回家，我自己来制定她的治疗方案。通过一系列的疗养方式，半年后，我岳母的肺基本好得差不多了，积水没了，也不痛了。由于岳父待不习惯，说病好了就应该回家。回家一年多后，我太太的姐姐带她到福州医院去复查，医生很惊讶：这老人还活着……

年轻人好好学习肺知识，保护好它。

身体的"高管"：脾

脾是后天之本，脾好身材就好。

简单说，就是晚餐少吃点，吃饭细嚼慢咽，不碰冷食、冷饮，把脾保护好，身材基本不差。我三个月减掉29斤，我是怎么减的？其实就是关注了脾，也吃了一些中药，调理了脾的虚症，把多吃晚餐改为多吃早餐。

其实，脾气不难补。所有吃进肚里的食物，都可以穿过细胞膜，进入体内，成为脾的能量，制造脾气。所以，即使有些人切除了脾，但是依然可以有"脾气"。人类的身体是进化的结晶，身体里的神明有自己的智慧，完全可以进行自主调节。

身体的"高管"：肾

在"高管"中，肾每天都最忙，管的事也最多。那么，如何保护肾？

有些健康理念提倡"一天八杯水，多喝水可以排毒"，这样喝水非常伤肾。喝水要小口，三口即止，留有余地，方便消化吸收。喝水的学问还在于不喝淡水，淡水的副作用就是利尿，淡水穿肠过，体液无处留。

肾完了，很多事也完了。管理好肾，幸福永久。

管理颈椎

我习惯天天做颈椎操。一天低头工作，这是欠颈椎的，要还给它一个保健操，欠钱只有还钱才能解决问题。

今天这社会只有两种"手机人"：一种是颈椎病人，一种是即将得颈椎病的人。颈椎病过去是中老年人的专利，可如今，颈椎病越来越青睐年轻人，二三十岁的年轻人成了颈椎病的高发群体。甚至为数不少的青少年，都被颈椎病困扰着。如果你不会管理颈椎，颈椎病会让你一生痛苦。

我的颈椎老早就出问题了，手也麻痛，通过每天做颈椎操，再加上经常穿我设计的护颈T恤，这种T恤有专利的健康陶瓷，能让我的颈部微循环加快。通过这十几年对颈椎的保护与管理，我的颈椎病基本好得差不多了，不会有酸痛了，实践是检验真理的唯一标准。今天我把这款乔治汤米护颈T恤产品推出市场，来感恩T恤，感谢穿T恤的你。

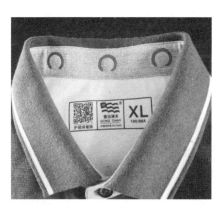

乔治汤米护颈T恤

养生小动作

养生小动作有很多，多学习专家的养生小动作对自己的健康帮助很大，它既有有形的帮助，也有无形的帮助，无形的帮助是总经理光顾的部门，让这个部门有更强的能力。

小动作大作用，比如我经常做的，颈椎操、拍打拉筋、膝跪法、踮脚跟、提肛法、撞背、腰椎操、拍头搓耳朵等。我每天早起后便用一小时练练这些小动作，效果比跑步、走路等要好，因为小动作更能针对自己不强的部位，让这些部位气血畅通。

管理健康，克制欲望

凡事有个度。管理身体的目的就是为了满足欲望，为了见到好友来个不醉无归。为了想吃什么就吃什么，想干吗就能干吗，甚至想活多久也可以实现！比如我给自己定96岁的目标。我明白不一定能实现，但我更相信不学健康管理，不管理好自己的欲望，一定不会实现！

每个人选择的路都不一样，最终的结果呢？管理好健康，幸福一生。

管理健康，各有其道

我每天记住要管理身体，经常看养生书籍，听徐文兵讲《黄帝内经》课程，也注意饮食，但没有刻意。管理健康的目的是为了活得更精彩，见到好友，能陪他们喝个够，陪他们玩个通宵。

天亮起床开开首脑会，再拍拍经络、拉拉筋等，一小时就过去了。但很多东西都因人而异，每个人都应该根据自己的体质和生活方式，为自己的健康制定相应的管理方案。

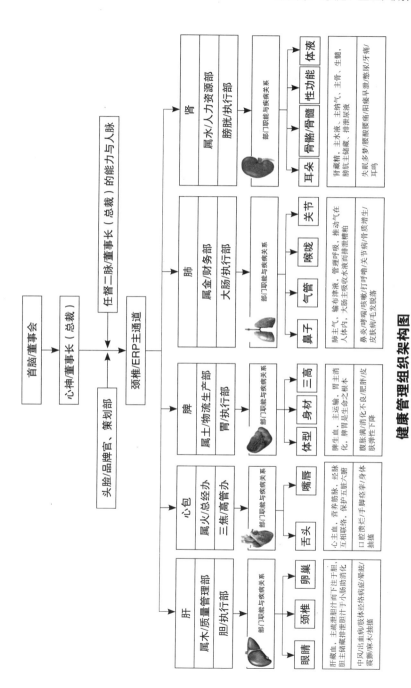

首脑/董事会

心神/董事长（总裁）

任督二脉/董事长（总裁）的能力与人脉

头脑/品牌官、策划部

颈椎/ERP主通道

肝
属木/质量管理部
胆/执行部
部门职能与疾病关系

眼睛　颈椎　卵巢

肝藏血、主疏泄胆汁而下注于胆，胆主储藏胆汁排泄胆汁于小肠助消化

中风/出血病/肢体经络经脉疾病/筋/痉挛/麻木/抽搐

心包
属火/总经办、经脉
三焦/高管办
部门职能与疾病关系

舌头　嘴唇

心主血、营养筋脉、经脉互相联络、保护五脏六腑

口腔溃烂/手脚经常/身体抽搐

脾
属土/物流生产部
胃/执行部
部门职能与疾病关系

体型　身材　三高

脾生血、主运输　胃主消化、胃肾是生命之根本

腹胀满/消化不良/肥胖/皮肤弹性下降

肺
属金/财务部
大肠/执行部
部门职能与疾病关系

鼻子　气管　喉咙　关节

肺主气、输布津液、管理呼吸　人体内、大肠主吸水液而排泄糟粕

鼻炎/哮喘/咳嗽/打呼吸/关节有增生/皮肤病/毛发脱落

肾
属水/人力资源部
膀胱/执行部
部门职能与疾病关系

耳朵　骨骼/骨髓　性功能　体液

肾藏精、主水液、主纳气、主骨、生髓　膀胱主储藏、排泄尿液

失眠/多梦/腰酸/腰/尿早泄/阳痿早泄/慢性尿/牙痛/耳鸣

健康管理组织架构图

第五章
总裁妙语
员工妙思

悟——《双赢规则》读后

雷群丰

一千个人就有一千种思想、一千种行为。老板想永续经营，成为百年老店；员工想获得机会，不断晋升。企业如何做到老板与员工双赢，如何做到有效通行就显得尤为重要了。《双赢规则》这本书给出了很好的答案。

成功的道理有千万条，每个人所知晓的道理也可随随便便搜罗一大筐，但结果却千差万别。为什么？我觉得最重要的有两点：

第一点就是郭总曾经在一次会议上特别提到的一个"悟"和接下来的行动力。

第二点就是该书第三章所描述的"敬业"，成功在于你比别人多坚持一下。

如果把一个"悟"字的方方面面都说清楚，那肯定是一本"明理百科全书"。在这里我只想说两点：第一，悟自己的特点及道路的选择；第二，悟选择之后，务必全力以赴。

　　郭总作为霞湖世家的创始人及霞湖世家的灵魂人物，其责任之大非常人能比，特别是在竞争这么激烈的商业环境中要做成"百年老店"，其中所蕴藏的危机，郭总看得最清楚。而这些，也非仅凭郭总一人之力所能及，因此组成一个以郭总为核心的强有力的团队，同舟共济，势在必行。

　　现在的霞湖世家，我个人觉得将有两个危机：一是如何在市场成熟期的路上健康行走，即产品如何定位、品牌如何定位、市场销售如何维持和发展。这是一个战略问题，它需要经营者英明的决策。二是OEM（制造环节）应如何与开发、设计、销售紧密配合，这是一个自身的新陈代谢能否适应外界的多变化、高强度的问题，它需要管理者完善甚至是创新管理系统。

　　这两方面都离不开一个坚不可摧的团队，而组成这样一个团队的基础就是思想的一致性，这也是许多老板、管理者心中一个不小的难题。有见及此，"双赢规则"适时地出现了。作为员工的我们，既然选择霞湖世家，选择的是目前这个岗位，那么悟出"双赢规则"是避免自己走弯路的最好选择。

　　曾经听过许多身边的同事说："给我多少钱，我就做多少事。"这种思想与双赢思想是背道而驰的。很简单，如果每个人都是这样想这样做，那企业的利润永远是零，也就根本不存在企业竞争。就像郭总曾经说的："如果我不赚钱，那我就是做了一件缺德的事，因为那样公司会倒闭，员工会失业，不再能为社会创造财富！"我想说：作为公司员工，如果实际操作成本等于或高于预算成本，那也是在做缺德的事。这是企业所不能容忍的。所以，自己的道路自己选择，一旦选择之后就务必全力以赴，如果不能创造更多的价值，不仅公司赢不了，我们自己也根本无法赢；只是在工作的道路上徒增坎坷，而最终不得不重新选择自己的路，回到起点。

因此，双赢甚至多赢是目前社会的潮流，如果能这样"悟"的话，理解《双赢规则》中所描述的众多道理自然是顺理成章的事了，所不同的只是个人择己所需、强己所弱、去己所伪而已。

通过阅读《双赢规则》，我找到了自己曾经失败的经典性总结。如这个季度裁剪收发车间某些方面的失误，在这本书上也可找到原因。如该书中添加"关注细节"的观点或许会更好一些（郭总在一次会议上曾提到过）。

这本书非常值得我们每个人去好好"悟"一番。

不要随便发脾气

林大福

　　脾气是什么？是个性的展示，是心理不平衡的发泄，还是一种美的表现？

　　在霞湖世家，如果你听了郭总讲的课，就会知道"发脾气"不是简单的一个词。它在这里有另一种寓意。对于公司管理者来说，发脾气是上司对下属一种不满的姿态。我们把这种不满的姿态阐释为受害，当你成为受害者的时候，你所表现出来的各种语言、情绪、动作，就会影响到另外一个人或集体的生活、工作情绪，从而造成不良的影响或不必要的损失。出于这样的后果，我们就把受害延伸为不负责任。我们用一个公式把它们连接起来：发脾气＝上司的姿态（不满的、愤怒的）＝受害＝不负责任。

　　脾气有臭脾气、倔脾气、怪脾气、犟脾气等。它所表现出来的方式也多种多样，我们每个人都有自己的脾气和性格，在什么样的条件和环境中展示或者表现你的脾气，就看你用一种什么样的心态去对待它。一个管理人员针对员工在工作中发现的错误发脾气，此时你把你的脾气当成了什么？它代表你的权力？代表公司的制度？体现罚款的前提？代表一种杀鸡给猴看的心理？这样你就把自己完完全全当成了一个受害者。我们不能拿脾气来约束你的下属，不能让他们融入你的工作或生活气氛中，感受很大的精神压力。碰到这种情况，我们又如何面对呢？怎样把自己的受害提升为负责任呢？郭总讲的课和所说的话，我们要听而思之，思而用之。提升自己只是大胆思维的瞬间转变。那么，我们就用微笑吧！用真诚的、包容的微笑来替代我们所要展示的脾气，让我们微笑着站在他们的面前。

微笑，像郭总那充满自信的微笑，有不可抗拒的魅力，像春天般温暖。用微笑去面对，用春天般的温暖去关心，与他们共享我们负责任的爱心，共享我们诚信、实在、奉献的态度。那样，我们霞湖还有争吵吗？还有眼泪吗？还有受害者吗？这样，我们就可以把上面的公式变成：微笑＝上司的姿态（关心的、可爱的）＝负责任＝团队精神。

怀着爱心去做事，怀着感恩的心去做人。希望所有的霞湖人都用微笑面对每一天，开心快乐过好每一天！让我们共同守信、开拓进取、团结奋斗，让我们挑起霞湖的大梁，共同打造中国"霞湖世家，T恤专家"的"航空母舰"！

开释生命不能承受之重

张书巧

自从加入霞湖世家以来，郭总多次组织管理人员积极学习，以期尽快提升整个团队的综合素质。尤其是公司组织的"霞湖世家高绩效团队工作坊"封闭式培训，震撼人心，让每个人都得到一次透彻灵魂的精神洗礼。

在为期三天的集训中，一个个简单的游戏，让每个人亲身体验到团队凝聚的巨大威力。在这些体验中，直视自己内心深处，发掘潜藏在最底层的真实自我，并以之与表面存在的自我作比较，从中找寻实现自我的方法。这正是我们多年来孜孜以求的目标。但在团队里面，我们往往把这个目标丢失，做了许多违背初衷的事，这些事便成就了我们现在的自己。我们对现在的自己并不满意，却认为这些是社会环境和他人造成的，从未看到这很大程度上是自己造成的结果。

我曾经认为自己是天底下最委屈、最多难、最不幸的人，社会、朋友、父母、亲戚甚至是同学、同事，都对我太苛刻、太无情，都不给我机会取得成功。因为经历的苦痛令我至今仍无法释怀，无法原谅别人，也无法原谅自己。因此，我对周围的一切事情保持着冷漠，把本来的热心和善良完全藏在心里，很少用行动表现出来，企图以这样的方式来保护自己不再受伤害。但是，我发现，我这样地独行，反而让自己更加难过，更加失落。我对未来失去了激情，失却了前行的目标。心中没有了爱，只有无边的抱怨和无尽的恨。这样的生活能坚持多久呢？

我本来不情愿参加这次培训，因为相信郭总的为人，就抱着试试看的心态去了。我遵守自己的承诺，试着去信任别人，整个培训过程我都高度集中精力，身心完全交给导师，交给自己的同事。幸运的是，我终于发现了我自己，也看到了自己真正应该走的路。目标在多年前已经竖在那里了，而我却看不到它，培训为我扫除了心灵上的灰尘，帮我开释了生命不能承受的重负，把本来的我拯救出来了。

培训结束之后，我开始给五年没联系过的姨妈打电话，我身心都在颤抖，极度的恐慌和久远的伤害使我无法自制。万万没想到的是，一直刻薄高傲的姨妈听到我的声音后，马上向我道歉，求我原谅当年她的过分行为。那一刻，我的整个世界几乎要塌了。我才发现，自己构建的冷漠之城竟如此不堪一击，那一刻我感到有一丝轻松在慢慢滋长。

　　接着，我又给几乎遗忘了的小妹打电话，打了好多次才打对号码，小妹深情不变的呼唤，化解了堵在我们之间的三尺冰墙。我们彼此都在默默地关注着对方，而我却死要面子地撑着，拿自以为是的理由孤寂地活着。把亲情判罪的是我，受到折磨的不仅仅是自己，还有父母及姐妹。没有人要我为曾经的失败保存，他们是希望我放下自负自责，勇敢地站起来，跨过这个坎儿就有一片光明。而我却抱着这颗臭弹，使劲地伤害着自己，也伤害着亲人。

　　我告诉自己，我已站到30岁的门槛上，过去十年的经历为我打下了坚实的知识和经验基础，从心理和身体两方面审视自己，我完全有能力为霞湖世家做更多更大的贡献。这两年来，我一直默默地关注着霞湖世家的成长，一直想多做一些事情却又顾虑重重，裹足不前。因此，我的工作轻松有余，而自己的心却很累。我时常暗自埋怨自己不能得到更多的财富，时常为多余的工作时间被无所事事消磨伤神。然而，我没有主动找机会去表现自己，发掘自己的潜质；没有给自己展示的机会，也没有给别人欣赏的机会。

　　通过这次高绩效团队的培训，我找到了问题的根源，作为霞湖世家的一员，我不可能脱离集体而独自胜出，任何一项工作都需要全心投入、真诚合作才能做好。过去不能追回，未来还不确定，我能够做到的，只有把握现在，活在当下。从自我做起，把自己完全交给同事，交给合作伙伴。把目标集中在一个方向上，听从指挥，以负责人、付出、共赢的心态，全力开拓自己的生命。

回头再看看身边的同事们，我第一次发现，他们都是那么热心真诚，个个年轻健美，人人亲切微笑。一股股暖流注入我的心田，把久枯的心愿唤醒了。我告诉自己，要将自己的生命价值与人分享，释放无为的重负。把自己完全投入团队建设中，才能实现自我、超越自我。为了这个可爱的家，为了这群可爱的霞湖人，我该负起自己的责任，尽己所能地付出，让这个家园一直这样美好。

一次特别的家庭会议

李鲁卿

2006年10月10日，郭总召集他在霞湖世家工作的亲属十多人开了一个家庭会议，作为"外人"的我有幸参加旁听。

之所以说这是一次特殊的会议，除了它具有"家族会议"性质外，还因为它从一个特别的视角，为我们了解郭总的为人及其管理风格提供了契机。

基于此种设想，现将此次会议"曝光"如下。也许正是这些平常的生活情节，让我们可以领略到一位受人尊敬的平凡人不同凡响的思想和智慧火花。

会议是以拉家常的形式进行的，话题丰富、随意、轻松，但郭总的思路非常明确。现将会议的主要内容及观点整理摘录如下（内容尽量保持原汁原味）：

亲属必须自觉遵守公司的规定制度

这是郭总首先强调的事。他要求亲属们把自己当作一名普通员工，刷卡、生活、工作等方面要自觉遵守公司的规章制度，不要搞特殊化；否则，既养成不好的习惯，又对公司其他员工不公平，还会干扰公司的正常管理。他特别申明，以后凡有违反规章制度的亲属，一定按制度处理。

苦难是最好的学校，智慧从磨炼中得来

郭总说，他很多的智慧是从当年的地摊生意中悟出来的，那几年的磨炼，胜过任何大学生活。他深刻体会到，最好的学习就是扎扎实实地在某一项工作上做上三五年，不管什么事，只要扎下去用心尽责，经验自然就会出来。为此，他要求亲属们专心做好目前的工作，要有吃苦的精神，不要好高骛远、挑肥拣瘦，这是学不到东西的。

郭总把人的学习概括成三种：读书、读物和读人。读书是在学校里完成的，是理论基础阶段；读物是工作体验和认知过程，是实践积累阶段；读人则是在前面理论和实践基础上的一种提炼与升华。这正好印证了"读万卷书不如行万里路，行万里路不如阅人无数"的智慧成长规律。

郭总进而联系中国的古话"三十而立，四十而不惑，五十而知天命"，解释道："立"是指"心灵的安定"，即要定下心来做人做事；"不惑"是指不要随便受外面的影响而改变自己的立场及目标；"知天命"是指人的思想和视野达到一定境界后，一理通百理明，什么事都会触类旁通，抓住本质和规律。

有钱的亲戚是海，沉也由你，浮也由你

部分亲属因为有了郭总这个亲戚，有些不好的心态、想法和行为，例如：不遵守规章制度、浮躁不踏实、投资或用钱不当、借不了钱反生怨言等。

针对这种种现象，郭总说，原则上，他会尽力帮助和支持亲属们成长和发展。但如果对方不听话、不用心工作、没有能力的，他不会帮助，因为这样反而会害了被帮助的人。比如借钱，如果没有饭吃没有地方住，他会伸手援助，但如果是借钱去赌博或盲目做生意，他宁可得罪也绝对不借，因为这会让借钱人欠的债越来越多。

相反，对于用心工作、能力达到一定水平的亲属，他会积极支持和帮助，主动提供发展的机会，如让其管理公司某些部门，甚至让其独立经营管理等。霞湖世家的发展机会很多，关键是看亲属们谁更有能力来争取这些机会。

郭总很坦诚地说，他这个有钱的亲戚是好事也可能是坏事。对于有能力、有品德的亲属来讲，他就是跳板，就是平台，可以让你不断成功；对于没有能力品行又不好的亲属来说，反而可能会因为有了他这个亲戚，养成一些不好的习惯，做出一些不好的事。

因此，郭总说：有钱的亲戚就像大海，沉也由你，浮也由你。有能力的，可以从中获取无限的资源，可以在美丽辽阔的海面纵横驰骋；对于没有能力的，海的诱惑反而会将其卷入万丈深渊。

成功男人的背后是一个受委屈的女人

这是郭总的名言，是他与李华琴副总裁长期生活及共同创业历程的深情告白，也是他对女性无私奉献、自我牺牲精神的生动概括。他认为，男人成功，女人要占百分之六十的功劳；而这种功劳，大多又是以妻子委屈自己、无私成就丈夫为代价的。

在座的亲属大多是成双成对的年轻人，郭总特别提到夫妻和谐对于家庭、事业和人生的重要意义。为此，郭总讲了一个"吃面条"的故事，以说明夫妻相处的艺术。

这是郭总小时候的真实经历。一个中午，郭总回家较迟，家人已用完午餐，锅里剩下两碗冷冷的面条。他早饿了，不管三七二十一，装了一碗蹲在昏黑的灶前，吃得津津有味。第二碗他端到外面吃，筷子往碗里一挑，突然看到两条白生生的虫子——这是面条放久了生的蛆。他想到刚才可能吃了不少蛆，心里就想呕吐。

这时候，他面临两难选择：要么把面条倒掉，要么继续吃下去。倒掉么，还没有吃饱，也是很大的浪费，家里本来就穷啊；继续吃吧，心里实在不舒服。他由此悟到，其实这种难堪完全是自己造成的，如果他不端到外面吃，不发现虫子，什么事都没有。他先前糊糊涂涂吃那一碗同样有虫子的面条，不是也很好吗？

郭总曾用这个故事"化解"了太太对他的误会。现在又讲给亲属们听，意思是告诉他们，有时候，夫妻之间，"眼不见为净"不失为明智之举。"水至清则无鱼，人至察则无徒"，太在乎就会走极端。平淡生智慧，自然得和谐，家庭是这样，人生和事业也如此。

无私是最大的自私

这是郭总去五台山学习时悟到的。它颇具禅理，充满智慧，算得上是郭总的又一经典名言。这句话完全是郭总当时情急之下"脱口而出"的"秀言"，但想不到他"出口成章"，随便"乱说"，就充满哲理，让他同班的精英们佩服不已。

凡事有因必有果，偶然中蕴含必然，郭总之所以有这种"急智"，也是他平时修炼的结果。无论事情大小，他都会站在他人的角度去考虑。处罚一个犯严重错误的员工，他会考虑员工的面子和心理承受能力；顾客设计的服装，他会"贴点本"不动声色地做些改进；交期延误，客人本来说不用赔偿，他会主动地"负荆请罪"，并"傻傻地"寄去几十万元的赔偿费……

久而久之，人们在他的感召之下，纷纷"投桃报李"：被开除的员工不生怨恨反而介绍老乡和朋友来霞湖工作；顾客主动找上门来下订单，使得霞湖世家的订单年年攀高；客人会大老远开车到霞湖世家的专卖店购买服装……

这一切都是郭总先前的无私所种的"累累硕果"。郭总当时只是凭良心做事，并没有考虑以后要什么回报。但"好人自有好报"，冥冥中自有天定。对于广积善缘的人，上帝一定会给他更多更大的回馈与眷顾！

郭总今天拿这句话跟亲属们讲，意在教导他们要培养一种"大我"的格局和"忘我"的境界，如此，才能成就大的人生。人如果太自私，斤斤计较，太在乎一时的得失，没有奉献精神，就会失去更多。

小胜凭智，大胜靠德

"金杯银杯，不如口碑"，郭总说人生最大的资源是人脉，而人脉源自人的德行。他希望亲属们踏踏实实做事，规规矩矩做人。如果每个亲属都能够按公司"三大纪律八项注意"所要求的来约束自己、鞭策自己，那么，他就是一个受人尊敬的平凡人，他未来的发展就有了良好的人脉基础。

"小胜凭智，大胜靠德"，这话是蒙牛乳业集团创始人牛根生说的，郭总很是认同。他认为，霞湖世家之所以有今天的发展速度和规模，研发技术和经营智慧是直接因素，深层理由则源自霞湖世家良好的人格特质和美德信誉度。这种特质和美德信誉度让霞湖世家有了相当好的社会形象和行业知名度；而良好的形象和知名度是企业最大的品牌，它使霞湖世家拥有源源不绝的社会资源。厚德载物，这大概就是霞湖世家高速成长的人文因素吧。

我学会了过马路

陈学丽

　　有一年3月6日，公司大门口发生了一起严重车祸，肇事者逃逸。受害人虽不是我们公司的员工，但是大家都非常愤恨……公司人力资源部发出通知提醒大家过马路要小心。尽管如此，3月11日，还是发生了一起轻度的撞车事件，受害者是我们公司的员工。

　　大家议论纷纷，好像一下子发现这条修了很久的公路有点问题。大部分人发信息给郭总，建议在公司门口架一座天桥，也有人建议修一个地下通道专供行走，还有人建议在两端增加减速地带……所有人都期待公司能够拿出一个又快又好的解决办法。

　　3月12日，一场交通安全警示牌内容征集活动在公司拉开了：为加强大家小心过马路的意识，公司决定制作警示牌竖立在公路中间，警示牌内容发动所有员工来写，被选中的奖赏现金300元……

　　短短三天，征集到的标语竟有两千多条，这意味着公司员工平均每个人至少写了一条。但是，郭总只选了一条："宁等三分，不抢一秒；左顾右看，无车再走。"当时，还有员工发短信问郭总："我的警示语写得那么好，为什么没有被选上？"

郭总曾风趣地回复："恭喜你已经学会了如何安全过马路！"

最后，郭总在警示牌下面还加了两句："无法改变公路，只有小心走路；至今没有一个盲人被车撞！"

这就是公司解决门口交通问题的方案。

一年多过去了，门口的公路变得安全了，再也没有交通事故发生。

原来，郭总是用这种方式悄悄地强化大家的交通安全意识。后来有一次，郭总道出了他的良苦用心和独特的个人智慧："我就算把门口的马路包起来，你们还会走其他的马路！每一条马路都是车来车往，充满危险（我们不可能把每一条危险的马路都包下来），自己不小心，一样会出交通事故……"

所有外在的安全条件都只能增加我们的安全系数，却不能保证我们绝对安全。没有安全意识，再安全的马路都是危险的。郭总给我们带来安全的不是他努力争取来的斑马线，也不是警示牌，而是他帮助我们在内心树立的一道安全防线，这道防线不会因为时间、地点的不同而改变，它永远在我们的内心，带给我们一生的平安和幸福。

推着衣车走沙溪，酸甜苦辣我自知

吕小华

4月是公司相对的生产淡季。为了利用这段时间训练员工的生活与生存能力，帮助员工增加收入，郭总安排放假的员工们到公司周围各市场和居民生活区去卖公司的衣服。

公司事前对员工进行了销售知识培训，提供相关设备，并负责外部环境的安全保障事项；员工只需按价销售，每组每件按5元的销售提成，作为小组成员的当天收入。

4月24日开始，由微笑文化导师带领，我们一组8人推着衣车浩浩荡荡来到沙溪步行街。我开始叫卖："卖衣服啰！霞湖特价，衣服20元一件，裤子35元一条……"别的同事也跟着喊。很快就有顾客围上来买衣服。顾客买衣服，除了看价钱，还要看款式、颜色、质量，卖衣服一定要把握顾客的心理。作为霞湖的一名车工，我当然很清楚一件衣服的好坏在哪里，所以给顾客介绍产品的做工、质量时，我非常专业，再加上本人流利的口才和热情周到的服务，只要是被我逮到的顾客，都很难逃出我的手掌心。

这时，有两个司机停车上前问："干吗这么便宜，才20元一件，是不是霞湖世家的产品啊？不是假冒的吧？是不是偷来的啊？"

看着他们怀疑的目光，我们马上出示厂牌，说："老板，这绝对是我们霞湖世家的产品。我们郭总为了让员工面对面了解消费者的需求，从而做出更好的产品，特意用一些布头布尾做成衣服，给我们来体验，增加见识，听取顾客对我们产品的意见。这些产品都是我们一针一线生产出来的，如果你买后感觉质量有问题，可以随时更换。"

还有一位开货柜车的顾客居然说我们带的皮尺量不准，要亲自试穿。他拿了一条裤子跑到货柜箱里，穿好后还让我们欣赏。这时，同事阿霞就说："老板，你穿这条裤子简直帅呆啦，比你自己的那条更有型！"那顾客一听，很高兴，非常开心地买了一条。

第一天我们卖了1000多元，是所有销售队伍中销售额最高的，每名队员都得到了锻炼，还拿到不少提成，大家心里乐开了花。

接下来的第二天、第三天……我和工友们一路步行，不辞劳苦，在骄阳烈日下，我们走过豪吐，到过步行街，去过岗背，还到过路程更远的街头巷尾。有付出就有收获，我既增长了见识、增加了收入，也为此深有感触：

微笑是一张绝佳的名片

走出霞湖，我们用微笑迎接每一位客人，用周到的服务来征服消费者。有一位小伙子，在我们微笑魅力的感召下，不好意思空手而去，慷慨买了三件衣服才走；有两位女士，购了两件衣服要求叠好打包，虽然我们叠衣服不专业，但是认真细心的服务还是让她们非常满意。微笑让我们得到了顾客的信任，微笑拉近了我们和消费者之间的距离，微笑让我们的销量稳步上升。微笑是我们每一个霞湖人的标志，愿微笑成为人们认知霞湖的一张绝佳名片。

聆听顾客的声音

顾客就是上帝，为顾客创造价值是我们霞湖的责任。此次出去卖衣服，我们听到了许多顾客对公司产品的赞誉之声，但也有许多顾客提出了意见。他们对公司产品的做工、质量很认可，但对产品的颜色、穿着效果提出了意见，许多顾客因为这些问题而空手离去。

在实践中成长

通过卖衣服，我懂得了如何介绍产品，如何了解消费者的需求，如何与顾客交流……这时我才发现，自己还有诸多潜能未曾发掘。面对陌生人，我由胆怯、退避，变得热情主动、落落大方；面对顾客一些刁钻古怪、意想不到的问题和突发事件，我学会了随机应变。社会是一座大学堂，在这里只要你用心去做、去学，就一定能够快速成长。

感谢霞湖给我们提供了这样一个体验生活的机会，那道美丽的风景线将永远留在我们记忆深处。

穿着西服去扛布

夏海鸥

有一年10月，霞湖世家来我们江西服装学院招聘应届毕业生。据以前的师兄们讲，霞湖世家现在的设计总监就是从我们学校出去的，因此大家对霞湖世家非常向往。

正式招聘那天，人头攒动，公司原定招20人，竟来了300多人应聘。后来，我成为这20名幸运儿之一。我高兴得一夜没睡着，一直想着到了霞湖世家之后如何大展拳脚，实现人生的抱负。

一个星期之后，我和其余被录取的同学来到了向往已久的霞湖世家。我们要先到车间做一至三个月的微笑文化导师，然后还要接受培训，再到各个部门去学习，最后才能正式走上工作岗位。

第一天上班屁股还没坐稳，主管接了个电话就对我说："文化导师，收发科现在忙不过来，你去帮他们扛布！"

那天我穿着一身崭新的西服，这套西服我原来在学校

204

都很少穿，特地把它带到了霞湖，但万万没想到，今天却要穿着它去扛布！几十斤重的布匹扛在我漂亮的西服上，汗水很快浸湿了衣服，布匹上的灰尘将我的西服搞得脏污不堪……

那天晚上我躺在床上翻来覆去睡不着，上班第一天就去扛布的经历让我感到无限的屈辱。

第二天，学院老师召集文化导师开会。我以为要上课，等到了学院，才知道郭总要见我们。郭总比我想象的要年轻，也很平易近人。但看到他我心里就来气，当郭总问大家来霞湖有什么感受时，我没好气地说："感受最深的就是穿着西服去扛布！"

郭总开始没听明白，当我解释之后，他笑了。他问我："你知道为什么要让你们这些大学生先去车间做这些杂七杂八的事吗？"

我没有回答，郭总接着说："学院门口有一段话：海纳百川，有容乃大。海之所以如此宽大深厚，因为位置比谁都低，江河也好，溪流也罢，管它大小清浊，一概地兼收并蓄，这样，海才拥有永不枯竭的源泉。人也是如此，你追求高、姿态低，财富、声名、地位、人脉、掌声、鲜花自然就会流向你。刚刚走上社会的大学生，要学会放下身价，放低心态，只有从车间最基础的东西学起，才能熟悉公司的流程，积累经验。你穿着西服去扛布，这段经历，会帮助你在以后的人生路上走得更加顺利……"

听了郭总一席话后，我心态转变了许多。我在车间帮员工处理各种琐碎杂事，协助车间主管做一些日常工作，每天都要从各个楼层、车间奔波十几趟，常常汗流浃背。还有一次，员工餐厅就餐卫生做不好，我和其他文化导师拿着抹布、盘子去帮员工擦桌子。我感到自己简直脱胎换骨。这时我不仅和车间的员工、主管成了好朋友，而且熟悉了制衣行业的详细流程，学会了如何区分各种面料的质地和内在品质，这时候，我想起了郭总说过的那句话："追求高、姿态低，财富、声名、地位、人脉、掌声、鲜花自然就会流向你。"后来，当我要正式走上设计部的工作岗位时，我竟然有点舍不得离开车间和那些可爱的员工，我觉得自己还有好多东西要学。

如今，坐在设计部宽敞明亮的办公室里，我不时地会想起"穿着西服去扛布"的情形。那是我人生的一笔财富，让我终生受用。

一条短信，解决宿舍虫子问题

周　洁

因为天气太热，这些天，员工宿舍的床板中竟然跑出来许多小虫子。大家饱受其烦扰，有些人身上还被咬出了小红斑。公司喷洒了几次杀虫药，但都不见效果。

我们宿舍也有这样的小虫子。一天，我对大家说："我们给郭总发条短信说一说这个情况吧，也许郭总会有更好的主意。"

郭总的电话号码是公开的，这在霞湖是人人知道的事，但为了这么一件事就给郭总发短信，有没有必要呢？睡在上铺的小林说："郭总一天到晚忙着抓公司大事、要事，哪里顾得上管这些小事，短信发了也是白发。"

另一位舍友也接着说："是啊，别白费工夫了。你是什么分量，他那么大一个老总，会有时间看你这来历不明的短信？"

我没有听舍友的意见，还是抱着试试看的心态给郭总发了条短信。

过了两天，我们看到物业部的同事来了，他们用无色、无味的油漆一层楼一层楼地将所有员工宿舍的床板刷了一遍，还把一些用得太久的床板换成新的，并将一些脏污的墙壁重新粉刷。这不仅让床缝隙中的那些小虫子彻底消失了，宿舍里的环境也干净清爽了很多。

开始我们还以为是公司要迎接外面哪个政府部门的检查才这样做，后来听行政部的工作人员讲，是郭总在收到一名员工的短信之后亲自督促行政部做这项工作的。

郭总还对工作人员说："宿舍有小虫子，对我来讲可能是想都想不到的小事，但是对员工来讲，就是大问题。有虫子，员工就休息不好，影响健康，更可能会影响到第二天的生产。我们的生产少做了几百件衣服，或者衣服上出现一些品质问题，可能就是这些小虫子造成的啊……"

我听到这个消息后高兴得一蹦三尺高："Yeah！我就知道郭总会帮我们员工着想的，你看我的一条短信帮了我们霞湖多少员工啊！"

小林问我："那以后宿舍里又有虫子是不是还要给郭总发短信啊？"

我说："对！有虫子，找郭总！"

大家都被这句话逗乐了，宿舍里传出了欢快的笑声。

千里送爱心

李颖异

　　某年2月，一车间主管转发了员工韦小枝的求救信。原来，韦小枝的丈夫韦德志不幸患上了尿毒症，高昂的费用，让这对从贫困农村出来的夫妇束手无策。眼看丈夫挣扎在生死边缘，绝望的韦小枝想到了工作多年的霞湖世家。

　　她在信中写道："我的丈夫才35岁，霞湖的兄弟姐妹们，我求求你们，救救他吧！你们的善心会增强我克服困难的勇气，也会增强我丈夫的求生信心……"

　　各车间迅速展开了捐款行动。许多员工平日省吃俭用，但此时他们却毫不吝啬，你20元、他50元，有些员工甚至把当日的饭钱也捐了出来。在不到两天时间里，共捐款20160元。

　　在外出差的郭总得知此事，立刻打电话要求从霞湖员工基金会和郭总基金会中分别拨出5000元作为紧急救助金；同时，他个人捐款10000元。这样，捐款已累计达到

40160元！

为了让这笔爱心捐款尽快送到韦德志家中，郭总决定，派公司代表将捐款送往远在广西的韦德志老家。

2月7日，我与霞湖福利基金会理事长崔春秀，连同沙溪电视台记者一行4人登上了飞往广西柳州的飞机。经过一天的行程，下午4点到了韦德志的家乡广西壮族自治区河池市宜州区德胜镇六洞村。

韦德志看着一张张写满捐款人姓名的名单，眼睛湿润了。有些车间的工友还把他们的祝愿写在纸上，愿他早日康复，重新回到自己的工作岗位。还有工友写道："虽然钱不是很多，但也是大家的一份心意，望早日康复！"只言片语，饱含真情。随行的沙溪电视台工作人员也被这场面感动，现场捐出了善款，村长也慷慨解囊。韦德志的眼睛再一次湿润了，他说："感谢大家，真的很感谢……"

我作为文化导师的代表，有幸参与了此次捐助活动的全过程。韦德志的病情、韦德志家庭的贫困、霞湖员工深挚的爱心以及公司高层的关怀，这一切让我感同身受。霞湖是家，我为生活在这样一个温馨的大家庭里而感动、自豪！

以德服人，浪子回头

阿 巧

每次看到我们企业核心价值观中的"厚德"二字，就想起2004年发生的一件小事。

2004年夏天，敬宾楼连续被盗，闹得人心惶惶，大家对这个盗贼恨之入骨。最后，就在盗贼深夜潜入再次作案时，被保安抓获，盗贼竟是一个刚进入公司不久的员工。在公安人员的审讯下，这位年仅19岁的员工说出偷窃的原因：母亲得了重病住院，急需手术费用，而他刚上班，没有钱，无奈之下铤而走险，偷窃别人的财物来兑成现金寄回老家。

郭总得知这个情况，亲自到派出所为这名员工求情，希望公安人员网开一面，从轻处罚。郭总个人给了他2000元资助，用于他母亲的手术费，并且还从霞湖员工基金会拨出一笔救助金给他。但是，根据公司的规章制度，人还是要开除。

当时，员工基金会董事会成员中，十个人有九个都表

211

示不理解。郭总耐心地给大家解释："他是为了挽救母亲的生命才这样做的，他的本质并不坏。如果我们在这个时候给他帮助，不仅挽救一个母亲的生命，而且给了他改过自新的机会；同时，也挽救了一个破碎的家庭，避免了一个新罪犯的出现，我们也为社会做了一件好事。"

这名员工回家治好母亲的病后，又出来打工了，他虽然再没有进霞湖，但介绍了他的老乡和朋友进了我们公司。至今，这名员工的亲戚还在霞湖工作着。

郭总认为："对父母时刻感恩尽孝的人，一定不会是个坏人，是值得给予帮助的。"他说，现代人是孝子，但却是孝顺儿女；对父母的孝顺赡养，远不及对自己儿女的照顾。

三年后，"厚德"写入了霞湖世家的企业核心价值观，影响和教育着更多霞湖人。

第六章
名家之见

员工与企业一起成长

周大鸣

　　《在自然中成长》有这样一篇文章——《我们的"家"》，作者莫少丹说："我已经慢慢地融入了这个大家庭中，每天和同事一起尽心尽力地做好本职工作，为公司的蓬勃发展奉献自己的一份力量，我感到无比的快乐。"再看霞湖世家企业之歌——"天地霞湖有你有我，心灵彩虹有你有我"，正因为员工的创业激情与企业的创业激情高度结合，员工们伴随着企业一起成长，霞湖世家才从30多人的企业发展到了1000多人，在中山沙溪休闲服装企业中独树一帜，成为富有特色的成长型民营企业。

　　改革开放以来，珠江三角洲一直在经历着波澜壮阔的工业化、城市化、信息化进程。大量的外资企业涌入，大量的民营企业诞生，短短的30多年，珠江三角洲成为世界的制造业基地之一。伴随着这一进程，大量的青壮年劳动力从四面八方进入珠江三角洲的工厂、企业，在各种各样的工作岗位上，追求着自己的人生梦想。几番潮起潮落，几度悲欢离合，这些大都来自农村的青年人适应了打工生活没有？找到了自己的价值没有？离自己的梦想还要多远？这次笔者到霞湖参观，阅读霞湖的一系列企业文化书系，从一个侧面为这些问题找到了答案。

早在20世纪80年代，我就开始追踪研究珠江三角洲的社会变迁，同时关注广大农民工的适应问题。凡是那些注重企业文化建设、注重员工培养、关心员工成长的企业和企业家，都会给我留下深刻的印象。实践无数次地证明，在市场大潮中，最终能够稳立潮头的还是这些善待员工的企业和企业家。中山霞湖世家从创办的第一天起，就注重企业文化建设和员工的培养，霞湖总裁郭长棋不愧是一个富有远见卓识并身体力行的企业家。

我所理解的工厂有两种，工厂负责人也有两种。一种工厂是做事业的工厂，一种工厂是做产品的工厂。做事业的工厂以人为本，上下齐心，把工厂和产品当作一种事业来追求。做产品的工厂追求的仅仅是产品的经济效益，甚至不惜牺牲员工的利益吞噬工人的血汗、青春甚至生命来追逐所谓的利益最大化。工厂负责人也相应有两种，前一种负责人可以称之为企业家，而后一种负责人只能称之为"工头"。作为一种文明形式的工业，理应摒弃那种英国工业革命早期的血汗工厂，理应摒弃见利忘义的"工头"。

事实上，自人类诞生之日起，各种各样的社会组织就不断产生。正如家庭是人类的一种社会组织一样，企业也是人类社会组织的一种形式。当我们的众多企业能够着眼长远、善待员工、追求不断进步时，企业也就成为员工的家，员工也就成为企业的家庭成员。这样的企业、企业家和员工，就会充满幸福和快乐。员工在企业这种社会组织中实现成长成才，代表了人类进步的方向，也代表了工业文明和市场经济的方向。作为自觉承载这种文明的企业，无时无刻不在这方面为人类积累鲜活的、生动的宝贵财富。

天下事有难易乎，为之，则难者亦易矣。霞湖世家在企业文化的建设方面迈出了坚实的步伐，霞湖人也正在用行动描绘心灵彩虹。企业文化建设的最高境界，就是员工们能够像老总一样，从自发到自觉，发自内心地热爱自己的岗位，热爱自己的企业，热爱自己的社会。这需要长久的坚持和不断的创新，更需要无形的氛围和传统。百年品牌，来之不易，我们衷心希望霞湖世家把企业文化建设、关心员工的成长和关心员工的幸福当作一种制度和一种优良传统永远坚持下去。

本文作者系中国民族学会副会长，中国都市人类学会副会长，中山大学人类学系主任、教授、博士生导师

怀着美好的理想做企业

——霞湖世家企业文化启迪

王义明

在创业期，企业要做两件最重要的事。一是描绘一个令人向往的、富有诱惑力的目的地，告诉人们：这辆企业的列车将乘载大家驶往共同的家园。二是打造一个火车头，这个火车头由企业家和企业优秀员工构成，各具能力、各具追求、各具个性的人才在一起磨合、协调，打造成马力强大、高效运转的火车头，这样，可以带动火车高速行驶，也可以拖挂更多的车厢，实现规模和速度的要求。这两件事结合起来就是打造企业文化。

人们常说，"企业一年获利靠机遇，三年不败靠领导，五年成功靠制度，百年发展靠文化"。说到企业文化，还真没哪个企业敢小看。尤其是已经生存了三五年的企业，机遇、领导甚至是制度的关都过了，企业要面临新的发展和转型，企业文化就摆到了重要的位置。在早期创业的时候，许多企业受制于生存的压力，企业文化常常被看作"阳春白雪"式的"奢侈品"，因"远水解不了近渴"而被搁置。我们认为，企业文化在创业初期就起到重要作用，从某个角度来讲，它是企业从生存期过渡到成长期的一条安全带。

霞湖世家是一家年轻的企业，是一家成长型的企业，其企业文化令人关注、令人印象深刻，能给成长中的企业带来启迪。走进霞湖工业园，可以看到休闲区的员工，有的在球场上打篮球，蓬勃而有朝气；有的利用康乐设施进行锻炼，从容、稳重；有的在三三两两交谈，眼神平和、安详。翻开《天地霞湖》企业文化期刊，读到的是员工们一篇篇真情感人的短文。我们不禁要问，是什么让一家传统制造企业富有人文气息？是什么让一家劳动密集型企业这么融洽和谐？

美好的理想让人陶醉

第一，"美"的憧憬。

霞湖，一个普通的村庄的名字，霞湖人的解读唤起了人们对美的憧憬。

天空中美丽多姿的彩霞，映照着清澈纯净的湖面，人们世世代代，生生不息，宁静祥和。多姿的彩霞象征人们多元化的追求与梦想，清澈纯净的湖水象征人们美好的心灵，人与自然、人与人和谐融洽。

霞湖人对美的憧憬还体现在服装产品雅致、悦目的美，办公环境轻松、错落有致的美等。"美"是人的感受，是令人产生愉悦的东西。霞湖人描绘的是风景美、心灵美、时尚美、气质美……霞湖世家是一幅生态美、自然美、人性美的画面，勾勒出理想的社会和令人向往的人类生存状态。

第二，"雅"的追求。

霞湖世家不是行业发迹最早的企业，但有志气要做世界T恤专家；不是知识密集型企业，但有理想要做富有人文气息的企业。一个服装企业，文化和艺术有多高决定了产品能走多远。从总裁到员工都喜欢学习、喜欢思考、注重修养，勤于时尚设计与产品创作，勤于记录思想火花与写作，展示了霞湖人对"雅"的追求。

第三，"好"的结果。

总裁郭长棋先生说："我不在乎做什么，我更在乎成为什么样的人。"霞湖文化倡导"做一个受人尊敬的平凡人"，展示"OK男人"的魅力。

"受人尊敬的人"，品德好、工作好，自强、厚德；"平凡的人"，定位好、心态好。一个人有好的品德、好的追求再加上好的心态，霞湖人坚信"一个受人尊敬的平凡人"一定能做出不平凡的事，有个好的未来。

善良，是好人的标志。传统的好人，是规规矩矩的，毫不利己专门为人的，强调自我牺牲，通常是默默无闻的……霞湖世家的品牌形象是"OK男人"。"OK男人"，在好男人的基础上强调责任，是能承担起更大责任的强者，是比"好男人"更硬朗、更坚韧、更智慧、更帅气的好人。

在霞湖文化中，企业家的价值观、企业的核心价值观与公司的品牌文化形成了高度统一。

价值观的认同达成最可靠的信任

信任是企业的重要资源。企业内部人际的高度信任可以大大降低管理成本。研究表明，信任的第一个层次是基于计算的信任，通常属于法律和制度层面的信任；第二个层次是基于了解的信任，这个层次的信任程度取决于沟通和理解；第三个层次，也就是最高层次的信任是基于认同的信任。因此，统一的核心价值观所起的作用是形成一种内部信任机制。企业领袖的价值观、企业的核心价值观得到员工的认同是一笔宝贵的财富。

企业家的价值观在员工中得到了认同，就赋予了霞湖世家企业文化生机与活力。在郭总本人作词的《心灵彩虹》这首歌中，他跟员工说，他最喜欢"都市里总是人潮涌涌，越来越少纯真的感动"这一句，因为它道出了生活的艰难和现实的无奈。郭总出身草根，为生存曾历经艰苦的漂泊、闯荡，深深记得底层生活的艰辛，因此特别能体会员工的感受和愿望，歌词中这一句道出了很多在外打工者的心声。这种共鸣得到了员工的普遍认同，这是草根对草根的认同。当人与人之间的信任产生后，就可以接受对方的友好建议了。接下来一句是"我的诚心能化解严冬，梦想飞过关山九万重"，告诉大家，我们不能只是慨叹、抱怨，我们可以共同努力改变困境、实现梦想。企业领袖是既能了解员工，又能引导员工走出困境的领导者。

从霞湖世家上上下下坚忍不拔的努力中看到，"草根"，朴素、朴实，虽然弱小，但有极强的生命力，善于吸收养分，只要有阳光就能茁壮成长。许许多多的经验和教训告诉我们，一个贫寒、学历不高的年轻人，如果没有理想，不注意学习，不加强修养，结果会有两种：一种是抓不住机会，适应不了社会，长期处在社会的边缘，要么随波逐流，要么抱怨社会不公平，处世往往比较鲁莽。另一种偶然得到了命运的关照，但个人境界跟不上，做事没有规划，做人没有准则，最终导致失败，沦为草莽。子曰："好学近乎知，力行近乎仁，知耻近乎勇。"青年人，如果怀着诚心和梦想，"做一个受人尊敬的平凡人"，自强、厚德、奉献就可以改变命运，体现人生价值，让精神得到升华，因而获得幸福。

当规则变成习惯

企业文化能帮助我们创造每个人都向往但单个人不能实现的理想环境。只有将企业所倡导的价值观变成员工的内心追求，变成员工的行为习惯，企业文化才能真正发挥其应有的作用。每一家优秀企业都有自己的文化特色，有的是宽松自由、鼓励创新的，如微软；有的是严谨务实、追求效率的，如联想……霞湖世家的企业文化是温暖、奉献、注重和谐的。

记得几年前，我带100多名学生去中远航运股份有限公司参观，办公大楼中"举重若轻的实力，举轻若重的精神"这十几个大字令一行人眼前一亮，并留下非常深刻的印象。前半句显示公司的行业实力和地位，也表达了公司的追求，非常贴切。后半句在短短两个半小时的参观过程中使我们获得了更深切的体会。因为公司把我们参观的每个环节都做了详细的计划和安排，什么时间、什么地点、什么内容、由谁负责列了一张清单，甚至谁、什么时间在大门口迎接，以及谁、在什么时间送出大门口都列在流程中，在我看来不过是一次学生的参观，他们的工作态度却令我领悟到了什么是"举轻若重的精神"。

我比较认同企业家要做的最重要的事是描绘企业的发展蓝图。也就是说，企业家要有理想，要有成就事业、改造环境的胸襟与气魄。蓝图是鼓舞人心的，是具有诱惑力的，但每个人都必须明白要克服自己。在行动上，克服自己的私欲是困难的，需要在观念上改变，再不断强化。霞湖一名员工文章中的一段话让我们很感动，文章写道：

曾经听过许多身边的同事说：给我多少钱，我就做多少事。这种思想与双赢思想是背道而驰的，很简单，如果每个人都是这样，那企业的利润永远是零，也就根本不存在企业竞争。就像郭总曾经说的：如果我不赚钱，那我就是做了一件缺德的事，因为那样，公司会倒闭，员工会失业，不再能为社会创造财富。在这里我想说：作为公司员工，如果实际操作成本等于或高于预算成本，那也是在做缺德的事，这是企业所不能容忍的。

在每期的企业内刊《天地霞湖》中，都有许多感人的文章，来自各层员工之笔。有一次我问郭总："你是怎样做到将企业文化深入人心，并且变成让员工自觉的行为规范的？"他说："要不断地用语言诠释，更要用行动诠释，企业家要说到做到。如果做不到，员工就会提出质疑，就失去了号召力。我自己原来不怎么好，但现在必须做得更好。"

在创业企业中，企业文化是企业家价值观的延伸，是企业家的人生哲学，在企业家用语言诠释、用行动诠释的过程中，引导了员工的行为习惯，也约束了自己，从而使企业家实现了自我完善。可以想象，当规则和约束变成企业家和员工的自觉习惯，变成内心的追求，员工的人格也会日益完善，企业就会逐渐接近目标和理想。把不得不做的事、把麻烦事变成文化，变成好事，是郭总的做事风格。既然是必须要做，就干脆做到家，做到漂亮，做到令人想不到。挑战自己，特别富有成就感，郭总喜欢这种成功的快乐。把各具诉求的人、各具特性的人变成霞湖人，变成好人，是霞湖文化的特色。在霞湖，总裁郭长棋以实际行动带动企业员工的学习热潮，勤于思考，勤于写作，也带动了许多员工。他的人文气质、人性关怀，影响了年轻人。"家庭成员和、亲朋好友和、社会交际和、合作伙伴和、霞湖内部和"，这"五和"是他对中国传统和谐的观念的解读。此后，《论"和"》《中庸之"和"》等的论述，表达了他对儒学思想的理解；他的《自强、厚德、奉献》《做受人尊敬的平凡人》，找到了做人的立足之本；他还创造了"OK男人"的形象，《好男人未必是"OK男人"》《给十八岁儿子的一封信》等都是对"OK男人"的阐述。

有了做人的标准，也就有了做产品的标准。做同档次质量最好的、做T恤专家是霞湖人的目标。就在本文即将成文的时候，传来了霞湖世家休闲服装获得全国名牌产品称号的消息。从OEM到自主品牌，再到中国名牌，霞湖世家在朝着目标和理想前行。

本文作者系广东青年干部学院经济系主任，粤商研究中心副主任

从心开始

涂满章

一次偶然的机会，日本著名企业家松下幸之助看到教堂有挤不动的人在顶礼膜拜，真诚至极。松下伫立很久，他想："一个企业的员工，如何也像信徒一样，信仰企业理念？如能做到，企业必然长寿！"接着他又想："那该如何实现全体员工对企业理念的信仰化呢？"

后来，他想通了：要研究企业管理的真谛和最新理念，并通过出书和培训让全体员工和世人认为这就是不二法门。于是，在1946年11月3日，松下正式创办了"和平（Peace）—幸福（Happiness）—繁荣（Prosperity）"研究所，简称PHP研究所。他声言，此举意味着松下把人类共同理想作为松下永远追求的理念和信仰，并坚持要把这一追求通过研究、宣讲、出版种种资料等方式持续开展下去。

松下之所以这么做，自有他的道理。1976年，他写了一本书叫《21世纪的日本》，在自序中他写道："日本经济高速成长，这是'物'的文明，但如果'心'的文明不能与'物'的文明平衡，将后患无穷。"

我还想起1985年，国际商业机器公司（IBM）有位员工的配偶说过的一段话："IBM确实善于激励员工，我在妻子安妮的身上看到了这一点。她可能被某些人的标准'洗脑'了，不过这是好的'洗脑'。他们的确在员工心里灌输了忠心不二和努力工作的精神。"在韦尔奇时代，一位记者问美国通用电气（GE）的员工："你们靠什么在世界市场竞争中立于不败之地？"该员工说："就是我们对企业的敬仰。"如何塑造企业对员工的敬仰，韦尔奇说："我只是想做好一件事，那就是每月都不可少地给500位GE骨干上一次课，讲我的管理思想，通过提问讨论求得意志的统一。随后，他们根据我讲的，也每月向他们的下级讲自己部门的课，统一部门的意志，这样直达基层。"这其实就是GE、IBM们打造文化理念的过程，筑就信仰的过程，说到底就是"心"教的过程。目的在于通过"心"教，形成"心"文化，成为坚定不移的信仰。"可以说，一个没有信仰的企业是不可能健康长寿的。"（海尔集团张瑞敏语）

老牌资本主义国家那些历经百年市场经济洗礼的长寿企业，在发展的道路中，将自己的文化提升到信仰的层次，从"心"开始，并由此形成不竭的软能力，全面提升了企业战略竞争力。相比较而言，正处于转型期的中国企业，在这方面，大多还处在牙牙学语、鹦鹉学舌式的幼稚儿童期。面对看不见、摸不着、有些虚无缥缈的"文化"，很多企业尽管有着太多的冲动、激情，但大都是直觉的、感性的，要想跨上自觉自悟的阶梯，还尚待时日。只有经过残酷竞争的锻打敲击，才能下定决心将文化进行到底，而文化又恰恰是企业竞争制胜的轴心。

在经济全球化的今天，假设我们的企业尚未将文化这个飞轮抓到手里，那么，我们的很多企业是否又将错过很多发展机会呢？

在这样的思索当中，2007年5月，我见到了广东中山霞湖世家的郭长棋总裁，他的企业1995年以50万元起家，至现在，已达年产值几个亿的规模。在和他品茗畅谈至子夜的过程中，我很惊奇地发现，他的企业目前几乎没有一套完整的管理规则，平衡计分卡、六西格码、6S、EVA等现代管理模式，他根本没有碰，在外人看来，霞湖世家的管理至少在目前还很不成熟，同时也没有很好的外部资源机会，为什么就做到了几个亿的规模？这没有道理啊！也许看到了我的困惑，郭总随手给我一大沓他企业内部的精美刊物，里面有相当的篇幅记载了他对员工的心灵展示，其中做人的道理如小桥流水般娓娓道来，充满智慧和哲理，沁人心脾，给人以心灵的震撼、灵魂的洗涤和思想的启悟。这些东西的核心就是

"以德治企"，说白了就是郭总在经营企业的同时，也在以文化的力量经营着员工的心灵，一种对员工高尚人格的塑造！庄子说："道德不废，安取仁义。"若道德固守心中，用得着外在的礼仪规范吗？员工若有德，企业便有德，有德之企业，还怕不成功、走不长远？这就是霞湖世家从50万元到几个亿的成功密码啊！

　　后来，我们有机会和霞湖世家进行了人力资源管理核心机制项目的合作，项目包含了在工作分析基础之上的部门职能和岗位说明书编制，规范、公平、合理的薪酬管理体系建设，直指管理理念转变和技能提升，核心的绩效管理制度和流程建设。我跟郭总探讨说，对很多企业而言，若下决心去做些事的时候，可能是雪中送炭，因为企业积累了太多问题，有些几乎成为死结了，企业才会想起在这些层面去规范。但对霞湖世家而言，有这么好的一个文化基础，有员工做人做事的基本氛围，引进这套机制那将是锦上添花。管理的规则对霞湖世家目前的发展，也是重要和必需的。

　　在接下来的项目实施过程中，我们的咨询顾问舒心无比，在很多企业会碰上的推进障碍，在霞湖世家几乎没有碰见，原本至少要6个月才能进入试运行的项目，结果却以令人惊异的4个月的进度就达成了，而且质量相当不错。这说明了什么？说明企业具有非同一般的执行力，这些执行力因何而来，不就是文化的力量，不就是前期霞湖世家对员工心灵塑造的成果吗？

那么，郭总又是如何看待这次项目合作的呢？他在项目启动会作动员的时候，说了这么一段话："在前面几年中，企业一直不遗余力地教大家如何做好人，现在这个已经有很好的基础。接下来，企业当不断地规范内部管理，建立科学管理规则，以让大家做能人。"我几乎要为这段话叫绝了，从做好人到做能人，从文化塑造到管理提升，郭总不变的是经营人心的初衷！这样的企业难道不是高智商的企业吗？

据权威专家调研，自觉实践文化信仰的企业、善于治理员工心灵的企业，在目前的中国企业群体中仅是百万分之一，霞湖世家就是这百万分之一的实践者。岁月洗脱铅华去，中国的企业有了这些百万分之一的成功实践者，我们是否可以乐观地看到不久的将来，这些星星之火的燎原之势呢？如此，我们这个有着几千年灿烂文明史的国度，又将续写盛世传奇。

我们期待着中国在全球经济中收获骄傲，也期待着霞湖世家在未来的岁月中，以更精彩的表现收获骄傲。

本文作者系著名实战派人力资源顾问师，人力资源专家

我更在乎成为什么样的人

李红艳 李 歆

17岁，走出一个叫"霞湖"的福建小村，捡过破烂，住过25元一个月的简易房，连6分钱的煎饼也舍不得买……

如今，创立中山市沙溪镇霞湖世家工业园，经营"霞湖世家""欧卡曼"等男装T恤品牌，为大多数中国本土品牌做T恤贴牌加工……

沟通这两极的仅仅是一个普通的名字——郭长棋。

哈尔滨，气候湿润适宜。在华融酒店见到了等候我们的郭长棋：刚过而立，一身休闲，语调低沉却铿锵有力。

空气中散发着淡淡的茶香，他说这是家乡上好的铁观音。品茗、怀想、感悟、聆听……近四个小时里，他时而凝神，间或开怀。语句之间，桑田沧海却又不失风轻云淡：

忆创业——人就该敢想、敢做、敢成败。

谈经营——任何事情要建立在双赢的基础上才可以

成功。

论为人——有"缘"必须有"德"，才会有"和"；有缘无德，便是浪费了缘。

说家庭——一个成功的男士，一定要有一个成功的家庭。

品成功——家有千间，只睡一间。我更在乎成为什么样的人，而不是拥有什么。

有什么"空子"，我肯定会钻进去

只身出来闯荡的郭长棋，最先干的营生是捡破烂，可68天之后，他觉得自己不应该只是捡破烂的命。于是，他开始练摊，一练就是五六年。在这个过程中，他完成了自己的"原始积累"，同时也更加了解自己："有什么'空子'，我肯定会钻进去。"谁都知道，要做到这一点，离不开善于发现的眼睛和脑袋。

20世纪80年代的小商贩总是缺斤短两，老百姓头疼却没有办法。于是郭长棋决定卖"手提弹簧秤"，他告诉那些大爷大妈："有秤他们就不敢骗了。"这一招果真灵，第一天就卖了22把，轻轻松松赚了十几元钱。

郭长棋第一次体会到了做生意的乐趣："平时不舍得喝啤酒，可那天我灌了自己整整一瓶。"

从那以后，郭长棋卖过很多东西。他不做一般的杂货买卖，而是"单项卖"——雨天卖雨衣，晴天卖草帽和眼镜，还在夜市尝试过皮带"专卖"。

说起在过街天桥上卖袜子，郭长棋神采奕奕，他觉得那最能体现他的聪明才智。他跑到批发袜子的地方，不分男女老少大人小孩，把所有1.5元和1.5元以下的袜子全包了，每个品种两打。

回来后他搭配卖，两双三元一律不砍价。这种卖法的妙处就在于，用原价1.5元售出的袜子带动1.5元以下袜子的销售，一下子吸引了很多人，每天都能净赚100多元钱。

"做生意，就是要和别人都不一样。如果每个人都知道这是一条活路，那对你而言，可能就是一条死路。"他这样总结自己的生意经。

我会为了一句话做很多事情

郭长棋并不是靠男式休闲装起家的，只因一个陌生人随意的一句话，他彻底改变了自己的事业轨迹。"是天意让我做了T恤"，他话语间流露出一种参透风云的宿命感。

1994年，郭长棋独自在中山国际酒店里过中秋节。吃自助晚餐时，热情的服务员与他聊天："您这身西服真漂亮。"他暗自高兴，同时反问："猜猜我多大岁数？"服务员脱口而出："33岁吧。"

这个回答让当时只有25岁的郭长棋颇受打击。就为了这句话，他放下碗筷，马上就去逛街，买了一条米白色的水洗牛仔裤、一件圆领的T恤衫和一件灰色马夹，还去发廊理了头发。回到餐厅，他又找到了刚才那个服务员。这次，服务员说他看起来也就20多岁。

"两个小时，年轻十岁"的变化让郭长棋失眠了："我意识到，休闲装能让男人更年轻、更精神、更有活力。第二天一早，我再去拿货的时候，一律只拿男式T恤，我还自己订布、订颜色，咖啡、果绿、杏黄……平时男装很少见的颜色我全敢要。全市就我这么一个店，一个季度就赚了100多万元。"

回首当年的"年少气盛"，郭长棋颇为得意："我会为了一句话做很多事情，人就应该敢想、敢做、敢成败。"

现在的郭长棋，虽然拥有"霞湖世家""欧卡曼""雪域骄子"三个自营品牌，但整个事业的另一半却是已经持续做了四年的T恤贴牌加工（OEM）。

"我做OEM本身就是一个品牌。如果能把好每一件贴牌加工的服装的质量关，我的生意就对得起人。只要人家穿的是我做的衣服，什么牌子对我来说并不重要。"郭长棋语调平淡，一如看到某个人穿自己做的T恤时，脸上流淌的恬淡的成就感。

我认贤不认亲

很多成功企业家都将人才作为核心竞争力之一，而郭长棋却不完全依赖人才，他的见解颇为特别："人才有时是靠不住的。很多时候，他们没有把全部精力都放在工作上，时常在考虑怎样跳槽到待遇更好的公司。所以，对于一个企业来说，关键是具备一套系统化、标准化的经营管理模式，在此基础上去吸引人才、留住人才。"

郭长棋说，公司上至经理、设计师、车间主任，下至一般工人，甚至是打扫卫生的，每个人的工作都有明确规范的"说明书"，只要按照上面说的去操作，就没有问题——

"这就好比开饭店，仅仅靠厨师是不行的，他一旦走掉，饭店就完了。但如果你拥有一套规范的配菜工艺和操作流程，重新雇用任何一个厨师，他都能胜任。"

但是，郭长棋又绝对是爱才之人，他说："我认贤不认亲，我会给他们充分的空间施展才华，他们能走多远，我就让他们走多远。"

至于用人标准，郭长棋坦言不喜欢接纳频繁跳槽的人，也不喜欢自认为"才满怀"之人。他比较欣赏"半杯水"，他觉得"这样的人能够诚恳地接受别人的意见"。

有时却会破例。霞湖世家刚创办的时候，急需高级管理人才。一位学管理的女高材生来面试，但态度却有些居高临下，但郭长棋最后还是留下了她。他解释说："我当时刚办公司，确实不懂管理，所以更要向这个高材生学习，逼自己进步。"

其实，与其这么说，不如说是郭长棋喜欢挑战："我喜欢挑战和竞争，就像进入驯马场一样，我总想要驾驭最烈性的野马。"

管理的最终目的是"和"

作为企业的最高层领导，如何统筹安排手下众多员工的工作，使其各司其职，创造出良好的企业文化和氛围，这是一门艺术。

而与别人不同的是，郭长棋往往靠一种与生俱来的质朴的直觉来实现这一点。他的经营哲学很简单："中国人非常讲究人情和感恩，人情满足了，他就会忠诚于自己的工作，忠诚于企业。"

　　在这一朴素思想的指引下，郭长棋推出了"微笑服务式管理"和"人性化管理"，以求在企业内部营造一种以和为贵、和气生财的工作环境。他举了两个实例作解。

　　一名员工一个月内偷了两次钱、一次手机，结果被抓了，他可能被判两至三年有期徒刑。可经过调查，郭长棋发现，这名员工是因为母亲病重急需钱治疗，无奈之下才偷东西的。于是，郭长棋不但放弃了对这名员工的法律诉讼，并资助她母亲治病。

　　之所以如此，原因很简单："孝子一定不是坏人。如果坐牢了，那他和他母亲就都完了。"

　　还有一次，他发现一位中层职位的部门经理办事过于奢侈，不知道为公司节省，于是决定辞退他。但郭长棋没有直接以老板的身份"炒"他，而是通过不再给他新任务，迫使他主动辞职。

　　郭长棋说："这样是给他一个主动辞职的机会，不会在他的履历中留有污点，也不会影响他以后找工作。"

　　"任何管理的最终目的都是'和'，也就是营造一种双赢，任何事情要建立在双赢的基础上才可以成功。"当我们有感于对待小偷和"蛀虫"的人性化处理时，郭长棋显然参悟得更深。

我什么都敢穿

在与郭长棋接触的一天多时间里，他换了三次衣服：

当天下午穿一件绿色白花中式休闲衬衫，别致儒雅又不失生活情趣，这是霞湖世家即将推出的新款，他笑说自己这身是"媒婆"打扮。

晚上换了一件白底棕花的休闲T恤。由于风格骤变，大家根本没认出来站在饭店门口等候我们一起吃饭的他。近在咫尺，我们却拨通了他的手机……

第二天早上，站在酒店大堂中央的他又身着一件黑色圆领印花的大T恤衫，更富有朝气，更显休闲。我们再一次被他"迷惑"，再次对他"视而不见"。

面对这位"百变"老总，"晕头转向"的我们自然谈起了穿衣问题。郭长棋说："我什么都敢穿。在十年前的福州，我是第一个穿T恤配马甲的，结果引来巨大商机。我甚至还穿过大红鲜亮的裤子，配上白色或黑色的上衣，非常漂亮。"

不光管理经营方面的事务，郭长棋还是自己品牌的设计总监。他觉得作为设计师，一定要有独特的审美眼光，还要亲自去体验自己设计的服装——

"我们设计生产的每一种款式，我都穿过，其实我也是在替客户穿，这样才能知道他们的体验，才能设计生产出更加符合他们需求的衣服，只知道闷头做是绝对不行的。"

怎么形容一个好女人，都莫过于她

"一个成功的男士，一定要有一个成功的家庭，家和万事兴，就像老鹰的翅膀，要大展宏图，少任何一只都展不起来。"说到家庭，郭长棋言谈之间难掩内心的幸福与满足。

妻子与他是同一个镇的，结婚十多年以来，一直是他的左膀右臂，协助他打点生意。虽然文化程度不高，但绝对是聪慧之人，作为公司的财务总监，账目做得井井有条，省去他很多心思。

对此，郭长棋的赞许平实而又美丽："不管怎么形容一个好女人，都莫过于她，我的事业60%离不开她的支持帮助。"

谈到兴处，他抛开了很多企业老总的矜持，直爽显露无余："任何人都可能在某一段时间里不喜欢自己的老婆，真的就像左手摸着右手。可是，砍掉你的左手，疼不疼？"

"这个时候，你就应该想到：第一，再年轻漂亮的女人，迟早有一天也会变成老婆那样，也会变老的。第二，可能仅仅因为距离才产生了美，如果一旦距离没了，美也就没有了。所以，这些都是脆弱的。"此刻，郭长棋俨然一位论道者。

我更想留给儿子一种精神

天下父母，莫不如此。说到自己的一双少年儿女，郭长棋脸上的兴奋与自豪难以抑制。

与很多有钱人家的孩子不同，他们兄妹俩从小接受爸爸的教育竟然是勤俭节约和吃苦耐劳。他们目前都住校，但回家基本都是坐公车，很少让爸爸开车接送。现在上初中一年级的儿子从小就很自立，曾想只身随团去澳大利亚。至于以后是不是希望子承父业，郭长棋说："顺其自然吧，他对数字非常敏感，也许以后会成为一个金融家。"

他有一个愿望：等儿子长大了，第一时间让他去为西部的贫困地区捐款。儿子问为什么？他回答："没有什么高深的道理，就是想让你做一个好人。""我不想留给儿子关于钱的数字游戏，这仅仅是给他以后奠定一个基础，关键还是要他自己去努力，我更想留给儿子一种精神。"坚定的语气中充满期待。

斜晖跳进窗户，才意识到采访已经进行了一下午。郭长棋滔滔不绝，自始至终神采奕奕，这让我们颇为自己躯体里涌起的疲惫而感汗颜。

"我每天从鸡叫工作到鬼叫，"郭长棋笑言，"我觉得很有乐趣。"的确，比起他每天的工作量，这似乎微乎其微；而对于一个白手起家的人来说，这段讲述时间更是短之又短。

郭长棋用三个不完全短句为曾经、现在和将来的自己做了注解：拥有健康的身体，拥有正确的思想，用心去做。寥寥数语，几无分量，但又有多少人能如他一样，在举重若轻和举轻若重之间寻找到平衡点和制胜招呢？

本文为《中国服饰报》的访谈文章

身体健康与企业管理的绝佳结合

赵中心

读郭长棋先生这本书，像喝了茅台老酒一样，回味无穷。

一名企业家，把身体健康同企业管理结合起来描述，并找到许多相同处和共同点，真是有感而发。读此书能看到全局，既能对自己的身体运筹帷幄，又能对自己的事业有所把握。真是创业养生两不误，事业健康双丰收。

我在部队工作了42年，深懂管理的重要。管理使部队出战斗力，管理使企业出效益，管理使学校出人才。所以，郭长棋先生把企业管理用到管理人的健康上，是他企业成功的体验，是他身体健康的感悟，更是一种健康养生的创新。

军队有军、师、团、营、连，公司分高管、中层、基层。身体也是如此，身躯就是高管，五体、五官等就是基层成员，身躯的任何一个部位都会让你致命，而基层的成员少一个不会致公司瘫痪。所以，做老板的（心神是老板），他的精气神一定是先照顾身躯，老板一定是每天都要关心自己的身躯、五脏六腑。一名首长到下属部队检查工作，那个部队就会紧张、兴奋，就会自觉督促、整顿，尽力把工作做到最好。这种积极的表现，就会加强自身的免疫力，不容易出问题。一个老板经常到每个部门去走一走看一看，必然会发现一些问题，会及时解决，这叫情绪管理。情绪管理久了，就形成企业文化，形成了不生病的习惯，管理的水平也逐渐提高。上医治未病，智者不生病，有了管理身体的智慧，一定是智者，一定是高人。

望郭长棋先生这本书能普及社会，普度众生。

本文作者像

我送给大家几句健康的顺口溜：

1．养生保健，不可千篇一律，要因人之宜、因地之宜，顺时自然，要注意，不要刻意，但不可随意。

2．健康是天，健康是地，有健康才能顶天立地。

3．吃食物要细嚼慢咽，嚼得像牛奶一样咽下去。细嚼是一种享受，细嚼是一种消遣，细嚼是一种快乐。

4．吃饭不要饱，走路不要跑，遇事不要恼，睡觉不要少，管住你的嘴，迈开你的腿，宁可欠吃，不可欠睡，男人的病是吃出来的，女人的病是气出来的。

祝大家健康快乐，一生平安！

共同迈进120岁！哈哈……